U0613342

嶺南史料筆記叢刊

十二石山齋叢錄

[清] 梁九圖 著　李福標 點校

SPM
南方傳媒

廣東人民出版社
·廣州·

圖書在版編目（CIP）數據

十二石山齋叢錄 /（清）梁九圖著；李福標點校.
廣州：廣東人民出版社，2024. 12. --（嶺南史料筆記
叢刊）. -- ISBN 978-7-218-18036-6

Ⅰ. K249.066

中國國家版本館 CIP 數據核字第 2024YD1407 號

Shi'er Shishanzhai Conglu

十二石山齋叢錄

[清] 梁九圖 著 李福標 點校

版權所有　翻印必究

出 版 人：肖風華

叢書策劃：夏素玲
責任編輯：謝　尚
責任校對：劉亦璿
責任技編：吳彥斌
封面題字：戴新偉
封面設計：琥珀視覺

出版發行：廣東人民出版社
地　　址：廣州市越秀區大沙頭四馬路 10 號（郵政編碼：510199）
電　　話：（020）85716809（總編室）
傳　　真：（020）83289585
網　　址：http://www.gdpph.com
印　　刷：珠海市豪邁實業有限公司
開　　本：889mm×1194mm　1/32
印　　張：6.25　字　　數：124.8 千
版　　次：2024 年 12 月第 1 版
印　　次：2024 年 12 月第 1 次印刷
定　　價：78.00 元

如發現印裝質量問題，影響閱讀，請與出版社（020-85716849）聯繫調換。
售書熱綫：（020）87716172

嶺南文庫編輯委員會

主　編：陳建文

副主編：倪　謙　譚君鐵

編　委：(按姓氏筆畫爲序)

王桂科　朱仲南　肖　林　肖延兵

肖風華　吳小茜　何祖敏　林成偉

柏　峰　洪志軍　夏素玲　倪　謙

陳建文　陳俊年　陳海烈　黃少剛

黃尚立　葉　河　曾憲志　楊以凱

蕭宿榮　鍾永寧　譚君鐵

《嶺南史料筆記叢刊》 凡例

一、"嶺南史料筆記"是與嶺南這一特定區域有關的筆記體著作，隨筆記録、不拘體例，是瞭解和研究嶺南地區歷史文化的珍貴資料，能補史之闕、糾史之偏、正史之訛。

二、《嶺南史料筆記叢刊》（以下簡稱《叢刊》）收録之"嶺南史料筆記"，包括歷史瑣聞類、民俗風物類、搜奇志異類、典章制度類，不收今人稱爲小説的單篇傳奇及傳奇集，包含嶺南籍人所撰史料筆記及描寫嶺南地域之史料筆記。

三、筆記創作時間以 1912 年以前爲主，兼收民國時期有價值的作品。

四、《叢刊》採用繁體横排的形式排版印刷。

五、整理方式以點校爲主，可作簡要注釋。

六、整理用字，凡涉及地名、人名、術語等專有名詞之俗字、生僻字，儘量改爲常見的繁體字；對一字異體也儘可能加以統一。每種圖書在不與叢書用字總則衝突的情況下，可根據實際情況而定。

七、凡脱、衍、訛、倒確有實據者，均作校勘，以注脚形式出校記。未有確據者，則數説並存；脱字未確者，以□代之。

八、《叢刊》避免濫注而務簡要，凡涉及嶺南地域特色之風物，可以注脚形式下注；爲外地人士所不明者，酌加注釋。

九、《叢刊》暫定收録一百多種，分爲若干册，每個品種單獨成册，體量小者可酌情結合成册。每册均有前言，介紹撰者、交代版本、評述筆記内容和價值；書後可附撰者傳記、年譜、軼事輯録、索引，及相關文獻資料。

十二石山齋叢錄卷一

順德梁九圖福草輯　子思問錄

十二石山齋記

十二石山齋在石雲山之西距　先大夫祠

廟僅百數武而蠙峯峙其東十八壑互其南

汾江界其北故爲程湟溙太守蔎山之堂太

守歿歸諸宋梅墅內史內史歿歸諸黃芝山

戶曹戶曹歿乃歸諸余二百年來宅四易主

《十二石山齋叢錄》書影一

有過余而言者曰吾見世之貴者高爵厚祿

出擁八騶前呼而後隨入則妓妾環立爭妍

鬪冶笙歌筵宴自暮達旦吾見世之富者求

田問舍以遺孫子高其倉庾壯其棟宇今吾

子栽花蒔竹咿唔吟諷庭羅眾石寂對神怡

摩挲撫弄若有所得抑何怪也余曰唯唯否

否吾聞米氏元章之於石也呼為兄矣廊子

湛若之於石也易以妾矣余石十二而峯巒

《十二石山齋叢錄》書影二

目　録

前　言

　　《十二石山齋叢録》（以下或簡稱《叢録》）九卷附《摘句圖》一卷，清梁九圖輯，梁思問録。清道光二十八年（1848）梁氏自刻本。内封有潘紹經題簽，又有牌記"道光戊申秋九月梁氏十二石山齋刊"。此書乃集結各文友題詠十二石山齋之詩文，並附選文友別集之詩文而成。所附《摘句圖》一卷，僅摘録詩友岑澂一人詩句百十條，這種形式頗爲古樸的詩話類著述或者應入作者其他書内，例如它與《紫藤館雜録》内容就有相似之處，《叢録》卷二"張玉堂"條摘句云："翰生佳句，如'香風隔水梅千樹，明月當樓笛一聲'、'十里青山春色裏，一船明月浪聲中'、'荷沼紅開花半畝，柳堤緑漲水三分'、'碧窗紗點梅花雪，紅雨香生屐齒泥'、'柳亭笛裂添離緒，梅嶺花開識故人'、'半沼荷開紅雨潤，一亭竹養碧雲深'，皆有放翁家數。"又或者可入其《十二石山齋詩話》中，總之與《叢録》本身關係並不大，性質也不一

1

樣，之所以附刻一處，應有特殊的緣由。以下主要就《叢録》相關的幾個問題作一點力所能及的簡單交代，以就教於讀者。

一、輯録者及其他

《叢録》輯録者梁九圖（1816—1880），字福草，一字芳明，清廣東順德麥村人。自祖父國雄始遷佛山，棄儒就礪，商業大起。父玉成，樂善好施。道光十一年（1831）歉收，玉成捐粟分賑逾千石，百姓多藉以存；又購置義地，瘞佛鎮吉佑露骸千數百具。或人嘗竊於梁家，玉成不送官，反給以金而勸其改從正業。玉成平生深研醫術，輯《良方類鈔》二十餘卷，福草梓之以療世。季父藹如可成，進士出身，亦以義行聞於鄉里。福草受父輩濡染，樂善好施，如削仰船江亂石、設佛山育嬰堂、築通濟橋石路、建高秧地茶亭諸義舉，靡不竭力籌資，董成厥事。喜獎引後進，人有片長，輒稱道不置，同邑李文田、南海戴鴻慈，少時均爲識拔。福草十歲能詩，曾題《粵臺餞別圖和祁相國寓藻韻》一首，有"神童"之目。因中解元時摔折腿，不良於行，人稱"跛解元"。性雅淡，雖曾任刑部司獄，而醉心于讀書治學、游山玩水，凡邱壑名勝，無不探歷。喜結客，時與張維屏、黃培芳、吳炳南、岑澂諸公詩酒唱酬，提倡風雅。其詩瑰麗清奇，爲藝林推重，江都符葆森刻入《國朝正雅集》。有《十二石齋詩集》、《嶺表詩傳》、《紫藤館文存》、《笠

亭集詩拾》、《紀風七絕》、《汾江草廬唱和集》、《風鑑證
古》、《汾江隨筆》、《佛山志餘》、《嶺南瑣記》等，大有
關於文獻。民國《順德縣誌》卷十七有傳。

　　是書參與校録者梁思問，字伯乞，後更名僧寶。福
草子。幼聰敏，淹通經史，能文工詩。登咸豐九年
（1859）己未科進士，授禮部主事、員外郎、掌印郎中，
兼軍機處行走。後奉命分校順天鄉試。纂修《學政全書》
及科場條例。轉江南道御史，改補江西道，兼署河南道
事，並查京師富新倉，諸弊廓清。恭修《文宗實録》，旋
擢鴻臚寺少卿，以内閣侍讀學士候補纂修《平定粵捻兩
匪方略》。生平廉直峻峭，不阿權貴，同僚咸憚其丰彩。
光緒二年（1876），因病乞休歸里。有《切韻蒙求》、
《四聲韻譜》、《古術今測》、《春秋日官志》等。年六十
五，卒於家。民國《順德縣誌》卷十九有傳。

　　所附《摘句圖》作者岑澂，字清泰，以字行，號鐵
泉，廣東南海人。有《箎篍山人詩集》。

　　書封題簽者潘紹經，字漢石，順德縣西南沖鶴堡人，
一說南海人。工漢隸，取徑熹平石經，蒼健雄古，爲粵
督阮元所賞。人得尺縑寸楮，珍逾拱璧。民國《順德縣
誌》卷二十有傳。

二、關於《叢録》輯録之因緣

　　佛山潘涌鋪（今松桂里一帶）原有蕺山草堂，爲清
初程可則舊業，後轉宋梅墅，又轉黃芝山，約道光年間

方得爲梁家所有。其用地面積僅約兩千平方米，福草經之營之，主建築爲兩居樓的紫藤花館，居用東地，院北有一覽亭，院西有井。而其核心爲六個石盆，盆中安置紋路嶙峋、晶瑩剔透、潤如滑脂的十二卷黃蠟石。石乃福草道光二十四年（1844）游罷南嶽，歸途舟過清遠，先收集到九卷，後又補充三卷（雖購自清遠，而文人均有名山情結，福草本人特看重所游之衡山湘水，友朋題詩亦多傳聞攜自衡陽，有"攜得衡陽十二峰，峰峰仍作碧芙蓉"之吟句），乃仿東坡壺中九華法，置於以七星巖雲石所製的水盆中，羅列居室前，錯雜朱欄綠竹間，水碧皆立，雲頑不流，彷彿巫峰煙鬟。石高不過二尺許，小者亦廣徑尺（最大一卷名"千多癭"），而有峰巒體，有陂塘體，有溪澗瀑布體，有峻坂峭壁體，有巖竇磴道體，俱極奇趣。神游其中，山水耐尋，遠近名士鉅公、方外閨秀，莫不歡賞其構思之奇妙。此可不謂納"須彌於芥子，縮千里於尺幅"者與？因自號十二石山人，命其書室爲十二石山齋。更辟汾江草廬爲觴詠地，樹石花鳥，池館橋亭，別饒幽致，人又稱汾江先生云。

不惟建齋儲石，福草且請作手圖之。繪圖者有蘇長春。據《佛山忠義鄉志》卷十四載："蘇長春，字仁山，順德人。工繪事，擅鉤勒法，不假渲染，以筆之輕重爲陰陽。所作山水人物，迥異恒蹊，飄飄有出塵之致。道、咸間主於梁福草比部家最久，爲繪十二石齋圖，紙僅數寸，而亭堂軒檻、几案彝鼎、樹木花竹，靡不悉備。十二石如小指頭，其岩壑峰巒，狀皆逼肖，堪稱妙絕。每語人曰：‘生平作畫逾千，以此圖爲最得意云。’”仁山素擅縱筆作巨幅，如此工細者却尟見。又據張維屏《十二石齋記》稱，十二石齋落成，福草曾“屬蘇君枕琴繪圖而請余爲記”。汪兆鏞《嶺南畫征略》卷十載：“蘇六朋，字枕琴，順德人。畫人物得元人法，亦效黄癭瓢，時有奇效，作細筆者尤佳。道光間，張維屏、黄培芳諸人修禊，多屬六朋繪圖。”六朋亦能詩，繪圖後詩題其上云：“九曜池邊九拳石，遺聞今已缺其一。何來十二碧芙蓉，高下位置吟齋中。點綴丹黄入几席，與君共有元章癖。何日攜琴石上眠，自家添個眠琴客。”

十二石齋成，佈置妥帖，福草遍邀四方名士前來游賞，題詠作記，以爲留念。二蘇繪圖後，潢成畫册，亦請人覽圖題詩。《叢録》書首自撰《十二石山齋記》，叙其購石、建齋繪圖、題記歌詠的過程甚詳，並以米元章呼石爲兄、酈湛若易石以妾，而自己因石建齋，可使“湖山勝概畢在目前，省登躡之勞，極游遨之趣”。三四年間，先後題贈者不可勝數。無論游與未游，見與未見，今存入《叢録》者計有吴梯、陳勤勝、瑞麟、楊榮、李長榮、張維屏、顔薰、熊景星、鮑俊、吴炳南、杜游、温訓、陳璞、曾釗、陳澧、黄培芳、釋純謙、譚瑩、羅天池、符葆森等，凡119人（齋圖題詩者有梁廷枏、黎耀宗等30人）。總起來看，其作者既有民間一般文士，又有地方文武官員，及方外、女流等；大部分固然是本土名流，而亦有流寓，甚至有外省人士如陳雲瑞、符葆森、吉泰（滿洲人，從永順寄詩一冊，囑福草勘定，乘便題詩）等。除題十二石齋、齋圖之外，以福草喜紫藤花，其居室亦名紫藤館，且將自己的詩集命名爲《紫藤館詩鈔》，又有筆記撰述《紫藤館雜録》，天文地理、詩詞書畫，無所不及。故友人題圖者多有詠及“藤花”或“紫藤”者。

《叢録》書首《山齋漫成》一首云：“蕭齋四面繞蘿垣，近市差堪避俗喧。鎮日編詩無個事，藤陰滿地不開門。”所謂“編詩”云者，含義殆有三：其一指編輯自己的詩歌別集《紫藤館詩鈔》；其二指編選嶺南詩歌總集《笠亭詩拾》、《嶺表詩傳》及詩話著作《十二石山齋詩話》等；其三，即指編撰此《叢録》，其中大部分内容爲詩歌。此詩既出現在《叢録》卷首，則“編詩”云者主要指編題贈十二石山齋之詩。將詩友們的題贈詩文輯録刻印流通，其最初一念，乃是爲感激朋友的盛情。福草不僅把這些大小題贈一一録入，並附繫從各人文集中選入的部分詩作，集合成一帙八卷，以爲紀念。書首有道光二十八年（1848）九月自序，云：“昔人有云：‘降德忘年，交情彌至。’僕生也晚，孤陋自慚，斗室中儲十二石，蒔花種竹之暇，時復喜爲詩歌，而騷壇名宿訪斯齋者，輒低徊不能去。或薦紳顯宦、方外閨閣之流，生平未面，亦題寄寵之，遺贈佳作，日益以多。乃命梓人登之梨棗，隨得隨録，無拘後先。詩文後間附拙著數條，

俾覽之者粗得諸公梗概，而僕異日把卷流連，又益歎友
朋真同性命也。”而此舉其實亦以地繫人，因此地舊曾爲
名士程湟溙等人所有，故人樂附其名以垂遠；福草更有
藉當世名流爲其地增重新的文化含量之深願。總之，《叢
録》因十二石山齋而起，而十二石齋（按：不是梁園，
也並無一園名梁園。梁園是無懈怠齋、十二石齋、群星
草堂、汾江草廬、寒香館等園林之總稱，取名自岑澂
“人原汾水無雙士，詩是梁園自一家”題贈聯語）一時
間堪與順德清暉園、東莞可園並美，名聲遠播京城和江
南，也不能不説與《叢録》之編輯與流傳大有關係。

三、關於《叢録》的體例與性質

《叢録》最主要的内容爲録詩友題詠十二石山齋之
作，詩、文、詞、賦都有，而以詩爲主。或有不録題贈
之作，而因友人曾游訪十二石山齋，或許其題贈僅有佳
句而無佳篇，故不録其詩而僅存其人，如卷七“彭樹梅”
條下無題詩，而直録《石圃閒談》中一則云：“看石宜
於風雨之際。彭五嶺題余齋云：‘隱隱風雨飄忽來，旋覺
烟翠粉可摘。’最有會心。”又録《十二石山齋詩話》中
所摘佳句，云：“彭五嶺客於禪山，聞余有詩癖，因來訪
謁。余索所存稿，言行篋未攜，命筆録近體數首，其中
佳句，如《春晴》云：‘雨過添花氣，雲崩漏日痕。’
《冬夜》云：‘尋夢每欹枕，畏寒時膹床。’《客禪山贈諸
知己》云：‘好友每於貧賤得，新詩都屬別離多。’《暮

春病中寄玉臺上人》云：'春如過客常輕別，愁似無家不肯歸。'都覺清新。"卷八"陳殿槐"亦如其例，不録題贈，而直接從《十二石山齋詩話》中録其贈詩云，另又從《笠亭詩拾》中選録一首附後。

所謂"叢"者，叢雜也，即包羅萬有、無所拘囿、無有體例，既多且亂之意。而如上述，《十二石山齋叢録》一書可謂體例謹嚴，其所謂"叢"者，殆僅取"多"之意而絶無"亂"之相。其所謂"多"者，其義亦較豐富，蓋有如下數端：第一，所録之"人"多。人無論文士或武官、粵籍或外省、有名或無名、方外或女流，均入之，前已述之矣。第二，所録之"詩文詞賦"多。此毋庸贅言。第三，是所摘之"書"多。凡録題記文、賦、詩、詞等及小傳，其來源大致有二：一者，均是從作者已成文獻中摘來而匯輯的，故稱"叢録"。所摘録之書有《紫藤館文鈔》、《紫藤館詩鈔》、《紫藤館雜録》、《十二石山齋詩話》、《石圃閒談》、《嶺南瑣記》、《汾江隨筆》、《笠亭詩拾》、《韻橋雜誌》等，共9種。具體而言，《叢録》卷首冠以梁氏自撰《十二石山齋記》，摘自《紫藤館文鈔》；次之以《山齋漫成》詩四首，摘自《紫藤館詩鈔》；繼系以注語、評論，論及石之類、選石之法、位置、貯石、陪襯、石色、不同時節賞石之樂趣等等，共七則，摘自《石圃閒談》。二者，所選師友詩文，多從師友傳世文集中録得，計有吳梯《岱雲吟草》、石宗漢《樓居小館詩鈔》、吳彌光《芬陀羅館詩鈔》、張維屏《聽松廬詩鈔》、顔薰《羅浮游草》、熊景星《詩稿》、何仁鏡《洛如花廨詩册》、吳炳南《華溪詩鈔》、梁廷枏《藤花亭詩集》、黄培芳《嶺海樓詩鈔》、釋純謙《片雲行草》、譚瑩《滄桑小閣樓詩稿》、符葆森《寄鷗館詩集》等，共 43 種。而這些詩文集又有一個共同的來源，即都是從梁氏自選的《笠亭詩拾》中輯出。這些各爲十二石山齋題贈者之詩，並不與十二石山齋相關，而包羅萬象。可見《笠亭詩拾》當是一部當時詩人別集的選輯，以集爲單位，屬於一種詩集叢書。《笠亭詩拾》今不可得見矣，或是梁氏所編的另一詩歌總集《嶺表詩傳》的基礎。

　　詩文詞賦入於《叢録》者，每人或多或少，最少者一首。其後簡介其大概行履，並以叙交誼，或評其人物風流掌故，既助玩賞，又保有文獻之功，雅趣無極。倘作者以詩文名，有集流傳，則於傳記後復擇録其非關十二石山齋之詩一首或多首。此書中每條目之大致結構也。當然，亦有僅録題詠而無小傳、無附詩文之例。或有僅録小傳而無録詩之例，倘其人詩文不甚有名，則於傳記中多引詩文，或引據掌故，而不另專門録列其詩文矣。在編排格式上，以詩爲正文，以傳記爲附文，比正文低一格出之。

　　那麽，如何界定《叢録》的性質呢？這個問題看起來似乎很簡單。一目之下，它可稱是一部詩文總集，因爲它以詩文爲主體内容的。但其中有大量屬於説部的内容，這些内容都是從作者已成的筆記中撮録而來。如《嶺南瑣記》多涉文藝掌故，卷一"吳梯"條引云："秋航先生宰蒙陰日，蝗不入境，野遍嘉禾，而汲汲於興利革弊。今讀其《諭種茶》、《諭種樹》、《諭借穀》、《諭除糧催》諸文，精詳懇切，雖古良吏無以過也。"卷三"蘇六朋"條引云："枕琴山人畫，得元人之神。尺素寸縑，得之者珍同拱璧。生涯紙筆，歲致千金。唐六如先生詩云：'湖上水田人不要，誰來買我畫中山。'不必爲枕琴賦矣。"《嶺南瑣記》亦間涉嶺南書畫收藏，如卷八"羅天池"條引云："吾廣鑑藏書畫家，以葉氏風滿樓爲最，外則吳氏筠清館、吾家寒香館。近羅浧湖觀察寂惺齋亦堪競爽。"更有涉嶺南風土者，如卷九"石夢冠"條引云："吾廣蠔田在大海中，田界毗連，各有標識。種之之法，以碎塊煅赤，溺淬之。始如小螺緣附塊中，久則砢磊如石。潮至則房房張口，潮退則合擇其小者別畜，謂之過塘。一年倍收，土人取其殻以築屋。石冠雲詩云：'千畝沙田百頃塘，種蠔種蛤海中央。居人久住真奇福，土屋三間牡蠣牆。'"《汾江隨筆》一書，屬品詩論文談藝，兼涉人物掌故之類。如卷一"吳梯"條引云："余邑秋航先生詩，不以雕章琢句爲工，每一篇成，多有禆於治術。擬之唐代，最近者惟元次山。"卷三"張維屏"條引云："武進惲子居大令工爲古文，一見南山司馬文曰：'子嶺外柳仲塗也。'其見重於時賢如此。"又如卷一"瑞麟"條引云："長白瑞振堂司馬，與余伯兄雲裳交稱莫逆。常至寒香館中，科松洗竹，僮僕忘爲貴官也。癖於臨池，日必盡數十紙，案牘之旁，淋漓墨瀋。暇則與吾輩弦匏唱和，哀絲豪竹，感愴中年，所謂‘秋士多悲者’非歟。”《石圃閒談》亦涉人物掌故雜記及詩文評，如卷三“唐金華”條引云：“羽階孝廉與其伯兄二羅大令，並擅詩名。所著《紅荔山房詩》，五律雄渾，七律頗多佳句，余最賞其‘病久兒童皆識藥，交疏花鳥欲親人’、‘最難滿量愁中酒，半不成篇夢裏詩’。”卷五“吳重源”條引云：“淵海茂才，長身鶴立，與余數晤於羊城。善鼓琴，每令人聞之，有翛然塵外之致。”《韻橋雜誌》亦殆多詩壇掌故，卷九“符葆森”條引云：“余素未晤南樵，因香石、南山兩翁遂通音問。南樵寄余古詩四章，並柬兩翁，云：‘涼飇動江介，日落西南天。橘柚焉不榮，我思君子顏。望望五千里，詎云無關山。遐想託去雲，雲幻絲綿綿。絲長亙九天，飛雲愁不還。沙洲衆棲鳥，各各相聯翩。鷗意親浩蕩，刷羽當廣川。那畏犯霜露，願爲來雁先。’（引者按：其餘三章，文繁不錄。）讀之恍見數千里神交也。”《叢錄》雖在兼涉文壇掌故時，與評價古今詩歌優劣得失、闡述詩歌創作見解的《十二石山齋詩話》等筆記、詩話的關係爲最近，而顯然不能説它僅是一部類屬於子部的文人筆記，也不能説是類屬於集部的詩文評撰述。

　　究其實，因爲《叢錄》的指向與目的是專注於宣傳十二石山齋風雅的，所録詩文、人物傳記及掌故只不過是它到達目的的一種方式或途徑。則不如説此書是一部以詩文内容爲主體，兼及説部的專題園林志書爲恰當，應入史部地理專志類。

四、《叢録》輯録的價值取向

清代是嶺南園林發展的成熟期和繁盛期，嶺南園林異軍突起，與北方、江南園林形成三大地方風格鼎峙的局面。或者謂曰：十二石齋的營構，是很典型的文人寫意自然山水園取徑，並富於地方特色，可稱清代廣東園林走向成熟階段的標誌（孟兆禎《著眼三世廣東園林》）。然成熟則可謂成熟矣，倘止論其自然山水取徑而不及其他，此園林將是一具漂亮、精致的軀殼。僅就構園取石一端，就順德梁氏家族而言，不僅梁九圖如此，其族叔可成、族兄弟九章、九華等更嗜石成癖，而以九章、九華尤甚。據清《佛山忠義鄉志》稱："凡客過佛山，有石癖者流連忘返，均稱道二梁奇石也。"此二梁即指九章、九華。他們所儲之石原從清遠、太湖等地收集運來，是山石之上品、奇品。《紫藤館雜録》卷九"輓聯"條云："伯兄雲裳刺史好畫梅，頗得王元章神趣。尤好蓄石，廳事前怪石林立。一官四川即歸，以畫梅、蓄石爲事。及卒，吳星儕哭以詩云：'石多頑趣今無主，梅有花神亦哭君。'一時皆爲泣下。"又卷十二"群星草堂"條云："余性癖石，故有'飽看怪石當游山'之句，然所好獨蠟石耳。予季兄燈山部曹則兼愛英德、太湖二種，於禪山新闢園林，羅怪石數百，點綴其中，幾有'平泉綠野'之勝。門外池塘數畝，蓏荷雜遝，殊覺悦目。自題其堂曰'群星草堂'，蓋取'石有群星象'之義。嘗命余書楹帖。偶記李雨村題梁家園，有'窗外小丘如列宿，門前積水當湖看'之聯，宛然吻合，即揮篆懸其中焉。"其朋友中亦有愛石如命者，如《叢録》卷六"易景陶"條引《紫藤館文鈔》云："當君山游桂林，歸獲石百，有美人一拳，大類拇指，眉目畢具，柔情綽態，婉轉如生。君山寶之，同於性命，貯以玉匣，裹以重綾，置其母枕中，以爲老年人少睡，不慮盜竊也。"

　　然梁九章、梁九華、易景陶之石，未及梁九圖石之有名，何哉？究其原因殆在於他們沒有像梁九圖一樣賦予園林奇石以豐厚的人文内涵。事實上，清代廣東著名園林之所以能稱"成熟"，其特點之一即是學術氣氛濃鬱，多數園宅均建有讀書堂和藏書樓，樓中藏書數量巨大，如廣州岳雪樓、碧琳琅館、粵雅堂、海山仙館等；又結集詩社，頻繁進行詩歌酬唱交流活動，對一地文化起到有效的推動作用。（黃國聲《清代廣州的園林第宅》）文化建構，正是梁氏十二石山齋的價值取向之一。翻開《十二石山齋叢録》，觀十二石山齋來訪、題唱的龐大陣容，對於佛山一地而言，無疑是當地一道異樣的動人風景。諸人士固非一次性聚集，亦或非成群結隊地來，但題贈之作斷斷續續，絡繹不絕。倘把他們的詩文唱和排列開來，被之弦歌，可不是一場規模頗大、琳瑯滿目的文化盛宴？從此角度觀之，《叢録》的意義和價值實在不能忽視。正是這些人物的光臨，以及他們題詠山齋的詩、文及所繪書、畫，方使這一並不算特別聞名的歷史陳迹煥發新的文化活力與魅力，如洛浦美人一般顧盼生姿，令人心旌搖蕩！

我們完全可以強調的是，文化建構不僅是十二石山齋的價值取向之一，且是核心價值取向。此書之所以謙稱"叢録"，首先，是因爲它是從梁氏平日孜孜矻矻地讀書問學時，隨手所録而成的、大小不一的各種成書中撮録而來，其成書過程是快捷的。我們稍稍考察一下十二石山齋的撰述活動：《嶺表詩傳》十六卷，其中國朝詩十卷，道光二十年（1840）編成，明詩六卷，道光二十三年（1843）編成；《紫藤館雜録》十六卷，道光二十五年（1845）梁氏紫藤館刻；《紫藤館詩鈔》一卷，道光年間刻； 《十二石山齋詩話》十卷，道光二十六年（1846）刻梓流通。《叢録》所引的其他衆多撰述如《笠亭詩拾》等則不必多説了。《叢録》一書的輯成刻印，在道光二十八年（1848），作者時年也不過 32 歲，而立之年就已經著述等身了。倘梁氏沒有核心的文化價值取向與專注力，沒有濃厚的家族文化氛圍，十二石山齋沒有一定的藏書量，這麼多、這麼快的成果是難以取得的。

其次，《叢書》之編，約略有唐末陸龜蒙《笠澤叢書》之遺風餘韻。陸龜蒙人生不如意，而嗜書如命，且亦有石頭崇拜情結，其門前之石乃先祖從嶺南運去而遺存者。《中吳紀聞》卷三載："陸龜蒙居臨頓里，其門有巨石，遠祖績嘗仕吳爲鬱林太守，罷歸無裝，舟輕不可越海，取石爲重。人稱其廉，號鬱林石。"《十二石山齋叢録》卷八就收録福草邀請陸孫鼎所題的詩，有云："鬱林本是吾家物，僕僕何時紹舊聞。"又，陸龜蒙著有《笠澤叢書》，而福草除輯有此《叢録》外，早有《笠亭詩拾》一集。如果有人將福草這些集石、輯書的種種作爲，説成是與陸龜蒙跨千數年、超數千里的巧合，大約不太合適。梁氏心中實有對陸氏的暗許與景仰。如前述，梁氏也是科場不適意的一人，甚至連漫游山水的夢想也受到足疾的限制。《叢録》書首《山齋漫成》其一云："衡嶽歸來游興闌，壺中蓄石當煙鬟。登高腰脚輸人健，不看真山看假山。"殆可見其心結。

梁氏之所以精心營構其壺中天地，或有可進而言之者。觀《叢録》卷四有李欣榮陶邨《題十二石山齋用退之山石韻》詩，末云："一拳亦具尋丈勢，俊物豈受塵網羈。會當攜汝補天用，銀漢浩渺乘槎歸。"然此詩後不引詩話以作談助，亦不引其他詩，這樣的例子在全書中也不能説絶無僅有，但此處似乎暗寓其對欣榮詩本身的不同看法。詩有所謂的"補天用"，或與福草之價值觀不合。《紫藤館雜録》卷十一有"補天石"條，云：

　　《花間笑語》載：桐城張曾敏，乾隆年間宰山西靈石。歸里，云："即上古煉石補天之所。産五色

石，煉石成粉，如用石灰，可補屋頂，至今土人相
沿稱爲補天。可知女媧氏非真能補上蒼之缺也。」

此論可破千古疑團。此條令人莞爾一笑之餘，不免
爲之深警：作爲草民，何必關注天朝的宏大叙事，將茅
屋人生的每一天過得安穩，間適時再搞點情趣啥的，即
不負如來矣。即如蓄石，不僅在於"蓄"，更在於
"養"。《叢録》卷五"關景泰"條引《石圃閒談》云：
"凡英石、太湖石，俱不宜洗，而蠟石宜之。鶴儔孝廉題
余齋云：'有時雨過呼奚童，洗出苔花寸寸碧。'乃真知
此訣。"此亦實關乎普通百姓養生之一法也。《紫藤館雜
録》卷十一有"養生法"條云：

> 養生之法，須要擺脱一切，凡榮枯得失，猶如
> 鏡花水月，事過即忘，心中不可有一毫沾滯。每日
> 胸中一團太和氣，病從何生？寵辱不驚，肝木自寧。
> 動靜以敬，心火自定。飲食有節，脾土不泄。調息
> 寡言，肺金自全。恬然無欲，腎水自足。毋以妄想
> 戕真心，毋以客氣傷元氣。伐天和以成就世事，譬
> 如割肉飾俎，刺血染衣，而究竟成就，亦歸虛幻，
> 徒自伐其天和而已。語有云："寧可疏慵乖物議，莫
> 將性命當人情。"又云："閒居慎勿說無妨，才說毋
> 妨偏有妨。爭先路境機關惡，退後語言滋味長。爽
> 口物多須作疾，快心事過必爲殃。與其病後求良藥，

不若病前能自防。惜氣存精更養神，少思寡欲勿勞心。食惟半飽無兼味，酒只三分莫過頻。每把戲言多取笑，常含樂趣莫生嗔。炎涼變詐都休問，任我逍遥過百春。”

以此看，所謂蓄石、養石即養生，而養生其實即養心也。噫！梁氏十二石山齋於民國後即因長期失修而廢圮，往迹不可復覩矣，惟餘此《叢録》尚得其彷彿。讀者在閱覽之際，何不具此一隻眼。

今特將此書點校一過，以廣流通。中山大學圖書館張紅老師參與了部分工作。其間幸運地得到中山大學古文獻研究所黃國聲先生指教，也蒙廣東人民出版社夏素玲、謝尚、饒栩元等女史費心編輯，糾錯不少。鄙人平常頗短於腹笥，倘仍有底本不誤而此流通本反誤者，敬請讀者不吝賜正。

甲辰仲秋李福標謹識。

序

　　昔人有云："降德忘年，交情彌至。"僕生也晚，孤陋自慚，斗室中儲十二石，蒔花種竹之暇，時復喜爲詩歌，而騷壇名宿訪斯齋者，輒低徊不能去。或薦紳顯宦、方外閨閣之流，生平未面，亦題寄寵之，遺贈佳作，日益以多。乃命梓人登之梨棗，隨得隨録，無拘後先。詩文後間附拙著數條，俾覽之者粗得諸公梗概，而僕異日把卷流連，又益歎友朋真同性命也。道光戊申九月，石圃居士梁九圖。

1

卷 一

十二石山齋記

十二石山齋，在石雲山之西，距先大夫祠廟僅百數武，而蝸峰峙其東，十八墩亘其南，汾江界其北。故爲程湟溱太守薇山之堂。太守歿，歸諸宋梅墅內史。內史歿，歸諸黃芝山戶曹。戶曹歿，乃歸諸余。二百年來，宅四易主矣。夫天地皆寄也，人生數十寒暑，居處、服御、玩好之物，不能長據以爲己有。而自愚者視之，則凡可以暫娛耳目者，無不竭精疲神以求焉。余之好石，毋乃類是耶？憶歲甲辰，游衡湘，歸購蠟石九已，復購石三，因顏其齋曰十二石山齋。而張南山司馬、黃香石中翰、陳拙補孝廉，俱爲之記，四方名士能詩歌者題贈盈篋。爰屬蘇靖虎山人圖之，將泐諸壁矣，客有過余而言者曰："吾見世之貴者，高爵厚祿，出擁八駟，前呼而後隨，入則妓妾環立，爭妍鬥冶，笙歌筵宴，自暮達旦。

1

吾見世之富者，求田問舍以遺孫子，高其倉庾，壯其棟宇，今吾子栽花蒔竹，咿唔吟諷，庭羅衆石，寂對神怡，摩挲撫弄，若有所得，抑何怪也？”余曰：“唯唯否否，吾聞米氏元章之於石也，呼爲兄矣，鄭子湛若之於石也，易以妾矣。余石十二，而峰巒陂塘，溪澗瀑布，峻坂峭壁，巖竇磴道，諸體悉備。覽於庭，則湖山勝概畢在目前，省登躡之勞，極游遨之趣，余自樂此，客無誚焉。”客默而退。乃書爲記。《紫藤館文鈔》

山齋漫成

衡嶽歸來游興闌，壺中蓄石當煙鬟。登高腰脚輸人健，不看真山看假山。

疊石癡同東海迂，石齋吟嘯足清娛。此間舊是詩人宅，二百年前溯石矑。

蕭齋四面繞蘿垣，近市差堪避俗喧。鎮日編詩無個事，藤陰滿地不開門。

洗竹澆花與課兒，幽棲偏有外人知。叩門過訪多生客，除却求書便寄詩。《紫藤館詩鈔》

　凡藏石之家，多喜太湖石、英德石，余則最喜蠟石。蠟石雖遜太湖、英德之鉅，而盛以磁盤，位諸琴案，覺風亭水榭爲之改觀。

藏石先貴選石，其石無天然畫意者，爲不中選。曰皺，曰瘦，曰透，昔人已有成言。乃有時化工之妙，却不在此，賞識當在風塵外也。

選石得宜，次講位置。位置失法，無以美觀，鬼斧神工，俱成滯相。此事祇堪與知者言耳。

石有宜架以檀跌者，有宜儲以水盤者，不容混也。檀跌所架，當置之淨几明窗；水盤所儲，貴傍以迴欄曲檻。雜陳違理，貽笑方家矣。

石上種蒔之法，竹與木俱宜極小，然後重巒疊嶂，始露大觀，唯必擇其小而枝柯蒼勁者栽之，令見者有窮谷深山之想，一苔一草，俱費匠心。

蠟石最貴者色，色重純黃，否則無當也。

每日晨起看石，蒼潤可愛，亭午以後，已畏日烝。舍澆一法，竹木固枯，石色亦黯然。澆必用山澗極清之水，如汲井而近城市者，則漸起白癡，唯雨水亦差堪用耳。《石圖閒談》七則

吳　梯 秋航

十二石齋山人書索齋記僕斷
此久矣重違其意詩以代文

聞道湟溱舊隱蹤，藤蘿疊疊檻重重。行吟跌蕩三千首，坐對玲瓏十二峰。石不能言那用記，鷗雖有約未相逢。余與山人未面。何時來作高齋客，膚寸看雲一蕩胸。

秋航先生宰蒙陰日，蝗不入境，野遍嘉禾，而汲汲於興利革弊。今讀其《諭種茶》、《諭種樹》、《諭借穀》、《諭除糧催》諸文，精詳懇切，雖古良吏無以過也。《嶺南瑣記》

余邑秋航先生詩，不以雕章琢句爲工，每一篇成，多有裨於治術。擬之唐代，最近者惟元次山。《汾江隨筆》

天下最難解者好訟之心。《易》曰“險健訟”，又曰“訟終凶”，聖人垂戒深矣。吳秋航刺史詩云：“覆邦事不一，好兵者必亡。破家事不一，好訟者必殃。訟者人所惡，好之殊反常。原夫搆衅初，睚眥僅毫芒。一字入官門，九牛難挽將。一身入官門，舉家盡皇皇。見官破汝膝，見吏厄汝吭。訟師搆汝鬼與蜮，訟蠹啖汝虎與狼。今日下鄉，明日下鄉。

今日上堂，明日上堂。官事悠悠，且種白楊。白楊作柱，官事未央。當初小不忍，後來悔難量。作事謀始君審詳，唾面自乾庸何傷。慎勿操刀以自戕，敗固可恥勝亦創。訟實終凶不可長，審能佩之家其昌。」《十二石山齋詩話》

吳秋航岱雲吟草 錄八首

浚　壕

有城斯有池，外以資捍衛。内以流穢惡，厥制廣爲貴。禹城九里環，禹池淺可砅。城大而池小，驟雨波騰沸。所以壬午秋，女牆被吞噬。十種九不收，縈縈積逋稅。東鄉尤窪下，夏潦恒淹滯。古通張漢橋，枯瀆迷近世。下流一都一，上流一都二。此決彼則堙，訟牒困老吏。遐邇皆赤子，厚薄我何意。鑿我東城壕，北折乃西逝。廣倍尋有半，深殺尋之四。池爲偃月形，水作復槽勢。奔流注閘口，蓄洩受節制。小民圖始難，征役不無畏。亦有錙銖流，惜彼尺寸地。一都一子來，一都二麇至。指揮既分明，踴躍勸從事。以此覘大工，尚未拂衆志。平生妄信書，所至求利弊。往往託空言，掣肘徒嘆懍。兹謀遲又久，歷覽駕五憩。艱難豈肯辭，迂闊偶然遂。納溝幸而免，敢曰興水利。高墉已周甲，疏鑿始一試。向使早經營，何至驟顛墜。土鬆流帶沙，旋淤勢易易。三年小爬剔，十載大浚治。勖汝城鄉人，書紳牢須記。

種樹篇

種樹篇，勸爾民。種樹之妙兮，妙不可言。我試細説兮爾聽真。山有木兮木有孫，移孫枝兮山之間。既不穿爾衣，又不喫爾餐。一朝閒暇布種子，十年快活收金銀。假如人日種十樹，周歲三千六百根。開花結子株十錢，歲取三萬有六千。中人貲産坐而致，一勞永逸強耕耘。更能努力歲歲種，不稼不穡三百囷。南梅北杏各有性，苟非厥土生不蕃。東蒙土物衍且珍，椑欛桑柘梨栗椿。繭絲之利被天下，果植之利資中原。朝拾落實可當飯，暮拾落葉可當薪。攀條伐肆作家具，爲筐爲筥爲籬藩。年深榦老無用死，猶中梁棟㯂楹椽。若憂牛羊有踐履，引繩縛棘以自環。若憂樵採見傷毀，請示勒石以同遵。雨不潦兮旱不乾，風蕭蕭兮六月寒。婆兮娑兮予心歡，無不足兮奚所患。勸爾民，種樹之妙兮，妙不可言。意長語短兮殊未伸，山重水複兮聊復陳，爾不見江西青青苦竹嶺，又不見湖南蔚蔚杉木山。新會種葵葵滿路，武夷種茶茶滿船。木奴千頭侯千户，誰貧誰富誰卑尊。但愁有樹無處種，寸金寸土爭田園。此間天然足岩巒，人稀地廣多棄捐。蒙嶺迢迢遠連雲，蒙山峨峨高接天。十萬頃地萬户煙，不成賦税不成田。欲種且種無人問，欲墾且墾無吏嗔。爾今無事飽食眠，何不荷鍤蒼山巔。

由低及高隴復隴，由近及遠邨復邨。材成富庶甲齊魯，蘭郊費莒疇當先。少小勤種樹，長大饒貨泉。丁壯勤種樹，老來得安便。老大勤種樹，美蔭貽後昆。今日不種又明日，今年不種又明年。嗟蒙之人兮窮可憐，千山萬山兮童童然。峰懷慚兮谷抱冤，山不能言兮予代宣。勸爾民，種樹之妙兮妙不可言。誰爲此篇兮吳使君，大書深刻兮告蒙人。

望海亭觀海

我家去海百里餘，朝潮夕汐日與俱。四十九年井黿語，目所未覩拘于墟。宦游海邦復三載，今晨縱轡城西隅。雲濤未攬氣先到，海風颯颯腥吹裾。一峰空際露淺絳，芙蓉絕島鮫人居。其下見天不見海，雲封煙斷青模糊。龍宮森嚴海亭曠，下馬拾級游目舒。乃知所見盡是海，天光雲影皆虛無。水天一色語竟妄，海水青黑天青虛。淺深濃淡各有態，將天比海天不如。遙青一髮橫縈紆。海帶天紳渺莫測，萬里界畫天淵殊。是日晴波淨如鏡，了無百怪呈天吳。但見落景金盆孤。島夷破碎何足數，沐日浴月萬萬古，洞庭彭蠡徒區區。前聖已矣難爲徒。泰山咫尺末由上，天空海闊忽豁眼，王事靡鹽吾甚劬。得一已足狂歡呼。大哉造物無盡藏，南荒九死且不恨，蒂芥一洗拘儒拘。茲游奇絕誇大蘇。我今捧檄六百里，蜃樓海市縱不來此坐釣東海魚。

遇，神山髣髴窺蓬壺。一生能得幾壯觀，留滯安即非良圖。九州之外環四海，東海南海通津途。道不行兮喟然歎，先師憤激思乘桴。用舍行藏況無具，底須更待人慍予。一朝謝病從此逝，泛舟歸我南陽廬。

讀古人今我齋遺集感賦

天高難問海難填，酌酒酹君君永歎。身後文章千劫在，眼前兒女一僧寒。平生知己逾膠漆，並世何人共敦槃。慟哭天涯回白首，朔風凄苦雁聲酸。

次韻周廣文見酬喜雪

斑鬢添明也自寬，烏薪送暖有餘歡。蓑深客罷蘆邊釣，笠重僧彈李下冠。沽酒乍迷孤店路，無衣應念萬家寒。巴人一曲陽春和，持映檐花朗朗看。

沂州幕舍題楊閑庵梅花惜別圖卷

座中名士江南客，遠上黃河賦別離。匹馬夜穿邾子國，袷衣春澣右軍池。依人燕子華堂夢，憶友梅花古驛詩。悵觸嶺頭三百樹，相思一夕遍天涯。

不雨而風，春耕輟耒。憂我赤子，渴飲盜泉。爲父母者，痛可知矣。豈敢怨尤，自責而已。

滄波河水本來通，咫尺雲山接岱宗。寒食清明三月

8

節，石田枯草萬家農。愁將牛犢還刀劍，見慣鷄鷗罷鼓鐘。坡老作詩聊自劾，肯圖分謗坐龍慵。

發家信寄冬青子及岱雲吟草

七千里外尺書馳，話我還山未有期。寄慰家人將底物，半囊花藥半囊詩。《笠亭詩拾》

陳勤勝 拙補

十二石山齋記

余邑梁福草先生，構齋於禪山，爲觴詠地。齋中庋書萬卷，右爲梅花草堂，前對紫藤館，一覽亭在其西。庭下列石十二，大者踞地聳出，小則架以盆盎。或峙，或卧，或坐，如人立，如獸蹲，奇態異狀，錯雜竹陰樹影間，望之若金精山十二石峰。主人靜對移情，日手一卷，吟咏著述不輟。興來作大小書，或課子，不復知有塵外事。庶幾結廬人境，心遠地偏者。夫人思覽名山勝概，必凌絕險，躐荆榛，疲極人力，健者色喜，倦者畏焉。而棲息庭廬，於層峰疊嶂又不能舉目常見，惟石之巉巖適肖其狀，且與文人奇情相觸發。故文人所好，每寓諸石，石亦藉文人一好，垂諸無窮，醉石以淵明傳，仇池石以坡公傳，其大較也。福草耽詩史書畫爲樂，其於石特興之偶寄，不足異，異乎石自草莽來，得近藝林，時時邀大雅流盼，竊以爲石有厚幸。齋本程湟溱太守舊第。太守服官中外，與新城王阮亭、吳門汪堯峰諸君子以詩文詞相高，當日游覽唱酬，定多韻事。二百年來，遺蹤宛在，登斯堂者，必有發思古幽情，徘徊而不自已，而尚幸屬之福草，得嗣風騷。地之先後皆與詩家有翰墨緣，不可謂非會逢其適。嗜古之士，偶獲昔人鐘鼎尊彝猶珍惜之，寶貴之，況得古人之居爲居。宋玉故宅，復歸庾信，至今藝苑艷傳，其可矜尚，視器玩當更倍，宜福草盤桓自適，而詩懷日益暢也。當月夕花晨，朋來染翰，句成，哦吟石下，聲琅琅然，搖五嶽，凌滄洲，意此時石雖頑，應領其趣，即而視之，若有點頭者。

　　吾邑陳拙補孝廉有《題友人幽居》十六首，余愛其《蕉鹿亭》云：“幽篁安在哉，此亭今卓卓。世事夢中夢，一夢何時覺。”《非我臺》云：“物我兩無着，渾然浩無際。汝形非汝有，是天地委蛻。”《非魚臺》云：“誰道吾其魚，誰云魚是我。莫教變服游，恐上漁人舸。”《知不足齋》云：“河伯匯百川，見海爽然失。一得漫自多，境界層層出。”《達生亭》云：“形骸本外物，嗒然隱几卧。蜉蝣寄天地，此意誰參破。”《狎鷗坡》云：“動誇機變巧，枉自勞心力。禽鳥安我拙，各自適其適。”《十二石山齋詩話》

瑞　麟 振堂

題福草先生山齋

阿兄妙筆寫寒香，雲裳刺史工畫梅，深得王冕筆意。書畫詩推君並長。千古傳人一家聚，王元章又米元章。

　　長白瑞振堂司馬，與余伯兄雲裳交稱莫逆。常至寒香館中，科松洗竹，僮僕忘爲貴官也。癖於臨池，日必盡數十紙，案牘之旁，淋漓墨瀋。暇則與吾輩弦匏唱和，哀絲豪竹，感愴中年，所謂"秋士多悲者"非歟。《汾江隨筆》

石宗漢 芷叔

寄題十二石齋

詩人好奇石，一石一芙蓉。汾水環幽構，巫山開遠峰。卷簾烟翠滴，沿砌蘚花濃。我欲聆高唱，迢遥雲外蹤。

一角紫藤館，千秋白雪吟。溪山宜小隱，竹木稱閑心。客爲求書至，門多載酒臨。憐余尚漂泊，塵海孰知音。

芷叔生於河源，與兄冠雲皆工吟咏，而塵衫破帽，落拓仙城。羅蘿村少空稱其詩"冲襟遠標，勝氣直上"，豈真窮而後工歟。《嶺南瑣記》

石芷叔樓居小館詩鈔 録五首

喜紫虛游羅浮歸述有作

路入林閒寺，人來雲外峰。偶隨大蝴蝶，踏破幾芙蓉。水石足幽趣，丹青誰嗣蹤。載山上人工畫。時已圓寂。味泉亭小憩，緑乳一甌濃。

幽人每乘興，攜杖訪龍公。路繞仙壇靜，烟開鳥道通。孤亭懸子日，危石倒罡風。見説飛雲頂，攀躋力易窮。

招手麻姑去，相將度鐵橋。鐘聲沿上界，人影逗層霄。樹老生楓瘦，雲深長藥苗。洞門迴首望，斜日下山椒。

山光六十里，沿路抵仙家。夕飲酥醪酒，朝嘗雲霧茶。樵夫半草服，名士好丹砂。流水看頻奏，相逢有伯牙。賴介生明經時學道酥醪。

白雲寺訪可上人

漠漠青苔一徑深，冷霑雲氣晝陰陰。檐支槲葉跳蒼鼠，磴裊藤花立翠禽。有母未成依佛計，訪僧常起住山心。禪堂悄寂容疏散，暫息機緣對古岑。《笠亭詩拾》

吳彌光 樸園

題十二石山齋

何處玲瓏割朵雲，眾峰羅列座前分。焚香煮茗添清興，洗竹澆花趁夕曛。風月主持蘇學士，亭臺金碧李將軍。笑余亦有襄陽癖，每對雙巒一念君。君曾遺余蠟石二拳。

樸園孝廉，爲余族伯戢龠司馬外孫，荷屋中丞母弟。家門鼎盛，而樸園公車三上，即恬然物外，竹巾藤帶，著書閉門。所居芬陀羅館，有竹木水石之勝，每當茶熟棋殘，酒闌燈灺，輒撚髭叉手。其綺思縟旨，窅然情深。句如“飛絮心情隨去住，養花天氣半寒暄”、“烟橫野店孤燈閃，雲滿空山一衲歸”、“無多花柳時迷路，有味烟霞早乞身”、“欹斜石磴千盤轉，澒洞風濤四月寒”，皆有劍南神味。《汾江隨筆》

珠江據羊城之勝，畫船燈舫，銜尾波心。中住珠娘，率二八妙齡，爭妍鬥冶。遇貴游公子，挾瑟擎觴，曼聲柔調，度粵謳數闋，則相顧魂銷矣。樸園《珠江有感》句云："花坞亭臺春錦繡，柳波燈火夜笙簫。"黄虎癡謂"揚州烟花，秦淮金粉"，當不過此。《嶺南瑣記》

吴樸園芬陀羅館詩鈔 録五首

上永州灘

怒波激船船欲迴，日光破碎雲影頹。亂篙什伯挽流上，灘聲人聲如轟雷。灘邊怪石露牙齒，水勢欲東石西峙。橫蹲屼立疑攫人，突現船頭倏船尾。水飛石走不敢視，劃然一聲波忽平，駭浪漸息船漸行。此時夔魖皆斂迹，淵然掉入碧波碧。元浯臺，柳愚溪，名流此地曾幽棲。遐荒自古人迹少，況復奇險難攀躋。年來我已行萬里，歷遍江淮河漢水。巖壑紛紛眼底生，波濤處處空中起。安得山如點黛水如羅，日狎五湖鷗鷺裏，高風遠慕鴟夷子。

龍樹寺看山樓遠眺

萬碧浩無際，看山得小樓。依然近城市，到此即林邱。花木增懷古，風塵悔遠游。憑欄莫南望，雲樹使人愁。

妙高臺

鬱水西流此渺綿，孤臣泣淚説南遷。亭懷環翠留題處，山記靈峰小住年。春夢一場空富貴，香烟半榻舊因緣。我來欲証髯坡偈，惆悵禪門浪拍天。

舟中寒甚有作

寂寂篷窗火不燃，艷陽時候困寒烟。布衾如鐵肌生粟，紙帳銷春夜似年。水複山重歸棹路，雨絲風片試燈天。閨中兒女圍爐坐，檢點重裘定悵然。

舟行和姪女小荷

細雨連朝濕麴塵，幾聲烟櫓送殘春。天涯別緒方惆悵，莫遣飛花再惱人。《笠亭詩拾》

陳體元 煥巖

題十二石齋圖

萬疊崢嶸方寸中，我生汗漫多游蹤。海內名山踏略遍，風霜驢背泥雪鴻。南泛普陀恒嶽北，西宿峨眉醫閭東。中間縱橫往復十萬里，境到幽奧無不窮。奇峰怪石誰第一，惟有黃山雁蕩稱豪雄。五嶽未足歎觀止，餘山直可儕凡庸。迄今息老卧高閣，瑰琦崒崒一一羅心胸。

15

羡君愛山亦愛石，探奇先得心所同。移峰接巒雲邐迤，鈎心鬪角金玲瓏。環階數石得十二，披圖讀畫疑千重。湘南九疑雜三島，浙西四明窺八公。總是巫山有縮本，妙手掇拾青芙蓉。君之仲父青厓老，冲淡獨得韋孟風。曩在春明賡唱和，情逾金石相磋礱。君能繼起紹家學，球石戞擊聲何洪。我欲忘年策杖來山齋，介石猶借他山攻。

吾粤詩人能遍游五嶽者，馮魚山太史後，僅得焕巖參軍。昔易雲華先生五嶽登四，尚自以爲天幸，蓋非有極曠情懷，最閒日月，未易一一攀陟也。《嶺南瑣記》

焕巖《登南嶽》句云：“氣吞江漢浮千里，勢壓荆襄峙四封。”《登東嶽》句云：“闔闢陰陽天柱石，升沉日月海門潮。”《登北嶽》句云：“洪濛雲氣生龍澗，縹緲秋陰落雁門。”《登中嶽》句云：“乍驚少室峭凌漢，陡覺太行飛渡河。”《登西嶽》句云：“源探白帝窮真宰，氣捲黃河絶横流。”氣象皆極雄闊。《汾江隨筆》

陳焕巖詩稿 錄一首

游雁蕩

不隨五嶽麗中州，獨占幽奇鎮越甌。四十九盤飛鳥道，五千餘尺大龍湫。危崖斜劈黄金嶂，古洞深藏碧玉樓。谷口老僧深揖送，東外谷口多和尚石，肖甚。游人底事不迴頭。《笠亭詩拾》

黄鏡湖 秋帆

寄題十二石山齋

僞體親裁接昔賢，名齋幽賞入新編。石矍人去風流在，圖畫天開二百年。承惠《十二石山齋詩話》。

巫峰青帶屐痕還，地是禪山宅研山。十二丈人翻拜倒，詩成齊點石頭頑。

論詩吾更羨君家，江岸芙蓉舊宅誇。何日買鄰同疊石，紫藤花外佛桑花。

大阮才名小阮俱，芙蓉編錯字珍珠。新詩不值松牌寫，可許瑶函乞得無。余更欲得青厓先生大集，並紫藤館尊集，先以詩作介紹也。

楊　榮 _{黼香}

十二石山齋

雲作明窗水作鄰，留題滿壁墨痕新。_{程文海後謂湟溱}
_{先生梁鴻繼}，我賀山亭得主人。

何日星精降海天，分排寶晉舊齋前。石交別有詩人
訂，笑煞豪華甲乙鐫。

袖底湖湘徹骨清，蕩胸奇氣得南衡。仇池自是坡公
物，可許詩來乞晉卿。

楊黼香詩草 _{録一首}

丹徒阻雨

往來兩聽廣陵潮，飄泊而今氣漸消。五月風濤浮北
固，一天雲樹黯南朝。征途迴首衝泥苦，歸夢關心渡海
遥。取醉不辭京口酒，孤篷燈火話深宵。《笠亭詩拾》

卷　二

邵甲名 丹畦

題十二石山齋

戢山堂廢百餘春，池館樓臺愛斬新。昔有石臞今石圃，天留勝地住詩人。

　　大興邵丹畦方伯，旬宣西粵時，一以愛民弭盜為務。凡事能持大體，常謂居官貴清慎勤，亦貴疏節闊目。則其所行可知矣。《石圃閒談》

賴恩爵 德卿

題十二石山齋

先生石癖比元章，山館平分十二行。風起不愁飛作燕，客來無術叱成羊。玲瓏四面欣同類，磊落多姿聚一房。果是他山能借助，願資攻錯意偏長。

> 德卿軍門，講武之暇，時喜詠吟。吾粵自汪白岸千戎，張靜山都督後，武臣類多風雅。蓋昇平既久，皆得以餘事作詩人也。《石圃閒談》

温承悌 秋瀛

題十二石山齋圖

幽人性癖例好奇，韻勝夙具巖壑姿。人間珍物非所尚，獨與石友爲深知。英多磊落遍羅致，飽餐秀色忘朝飢。我聞平泉自昔有瘕嗜，禮星醒酒供娛嬉。又聞蘇子標奇亦多品，袖中秘玩誇仇池。米顛袍笏倍傾倒，再拜不惜旁人嗤。宣和艮嶽乃比衛懿鶴，此事只與林泉宜。吾儕酷好非所患，畫師筆妙兼有之。卷雲斧劈皴法備，天成有若神斤施。聞君鄭重日摩弄，寶邁夏鼎兼商彝。

或蠹危峰或縐透，嵌空玲瓏難盡窺。温如蒸栗生氣溢，秀如玉笋爭嶔巇。荃蓀細結蘿薜繞，老梅美竹相扶持。丙丁甲乙細署列，琳瑯璜琥堪等夷。雅人深致有若此，自慚獨守青珣枝。余家亦有一英石笋頗佳。倘如未石吐雲氣，便從夜半排干支。李芬有奇石，每未時出雲。物聚所好信不謬，他年作譜添瑶芝。膏肓泉石有同癖，會因看竹清樽移。人生要同貞石壽，仰看喬柯百尺松風吹。

秋瀛太史，爲籀坡侍郎哲嗣。籀坡《攜雪齋詩》，直摩大蘇之壘。而謙山舍人、靈淵大令輩又能各擅才華，風雅一門，人皆有集。秋瀛既由詞館改官刑曹，旋請假歸不復出，益精研於詩古文詞。其鄉前輩巖野、獨漉諸先生風流未墜，故詩壇酒坫，代有聞人，淵源固有自矣。《嶺南瑣記》

秋瀛太史詩雅近宋人。《泰安道中》云："一徑人行窄，雙輪石上飛。"《吴山秋眺》云："浮烟團井邑，放眼小江湖。"《舟中漫興》云："灘邊急雨珠千點，竹裏誰家屋幾閒。"《岳武穆祠》云："千秋精爽在，野老説遺忠。頑鐵銷奸魄，靈旗颭故宫。一門同義烈，諸將亦英雄。坐壯江山色，馨香俎豆崇。"語意極精鍊。《十二石山齋詩話》

温秋瀛紀游小草 録二首

游金山作

浩渺風檣接，千帆遠雁連。樓臺京口外，烟樹廣陵邊。氣壯潮趨枕，心閒客品泉。一聲長笛響，飛夢越江天。是夜泊金山麓。

由鳳山門往游湖上作

萬松排嶺直，叢竹上天青。負郭尋幽徑，穿林得野扃。晨光清若洗，仙夢醉初醒。面面湖山秀，籃輿入畫屏。《笠亭詩拾》

李宗簡 文川

題十二石山齋

是袖中拾得，石翁應、笑頑仙。況奇絶三茆，秀深九曲，一片鈎連。收入瀟疏庭院，許餐花漉酒枕琴眠。詩似梁鴻真逸，癡如米芾非顛。　　肯來仙館闢雲泉。煮石話塵緣。倘石君可語，石丈能拜，交到忘年。聞昔洞庭游遍，石琴彈落幾點湘烟。我堪書招隱賦，君莫惜買山錢。右調《木蘭花慢》。

張玉堂 翰生

題福草先生山齋

梁君夙有看山癖，名山到處寄游跡。自從衡岳孤筇歸，閉門懶着尋山屐。尋山雖懶癖未除，乃購奇石環幽居。自言石奇具山趣，紫藤花蔭雲根癯。大者論丈小論寸，摩挲我亦情繾綣遍。曩聞坡老珍仇池，仙湖九曜窮民脂。到公浪賭米顛拜，何若相對哦新詩。新詩哦就石頭點，鐫吟更欲剔蒼蘚。笑余宦海尚茫茫，結鄰舊約何年踐。

翰生官新會參戎時，漁人網得舊玉印一，中刻“玉堂之印”四字。翰生購之，喜其與己名適符也。嘗以示余，篆籀古秀，疑爲宋代之物。《嶺南瑣記》

翰生參戎精指頭書，其《偶題》有“指墨潑從投筆後，拳書揮自督師前”，誠有雅歌投壺氣象。所著《公餘閒詠詩集》已擇採入《嶺表詩傳》中。其他佳句，如《舟出湖口縣》云：“沙飛千頃白，浪擁一山青。”《舟下吳城》云：“萬疊山飛影，千層浪鼓聲。”《宿韓庄驛》云：“霜花寒入夢，山月影隨人。”《謁媽閣廟》云：“榕樹逼巖翠，蓮峰浮島青。”《游澳門海覺寺》云：“奇石欲浮蠔鏡去，慈

航常擁鷁帆來。"《舟中書懷》云："多情人愛花含笑，解語誰憐鳥畫眉。"俱堪諷詠。《十二石山齋詩話》

翰生佳句，如"香風隔水梅千樹，明月當樓笛一聲"、"十里青山春色裏，一船明月浪聲中"、"荷沼紅開花半畝，柳堤綠漲水三分"、"碧窗紗點梅花雪，紅雨香生屐齒泥"、"柳亭笛裂添離緒，梅嶺花開識故人"、"半沼荷開紅雨潤，一亭竹養碧雲深"，皆有放翁家數。《紫藤館雜錄》

李長榮 紫舲

題十二石山齋

遠樹陶潛屋，浣花工部堂。愛君松石意，似我水雲鄉。余深柳堂亦有藤花水樹。人境心偏遠，蕉天夢亦涼。千秋誰不朽，話到杏林莊。尊著《十二石山齋詩話》中，話杏林庄一則採拙詩。

十二石山齋圖序 集選駢體

歷十二之延祚，班固《西都賦》。規萬世而大摹。張衡《東京賦》。畫地成圖，任昉《爲蕭揚州薦士表》。因山爲障。左思《蜀都賦》。瞻棟宇而興慕，任昉《王文憲集序》。顧石室而迴輪。張協《七命》。崔巍巒居，何晏《景福殿賦》。南岳之幽居者也。顏延之《陶徵士誄》。論者云：楊雄《羽獵賦》。梁生適越，趙至《與嵇茂齊書》。高山景行。魏文帝《與鍾大理書》。所謂伊人，陸機《漢高祖功臣頌》。不亦重乎！潘岳《籍田賦》。邈彼絕域，孫綽《游天台山賦》。少曾遠游。宋玉《登徒子好色賦》。南翔衡陽，張衡《西京賦》。西浮七澤。謝朓《拜中軍記室辭隨王牋》。指蒼梧之迢遞，嵇康《琴賦》。集洞庭而淹留。左思《吳都賦》。棲志雲阿，王僧達《祭顏光禄文》。姿絕倫之妙態；傅仲武《舞賦》。凝思幽谷，孫綽《游天台山賦》。思假物以託心。嵇康《琴賦》。先生自題此圖詩云："不看真山看假山。"於是乎崇山矗矗，司馬相如《上林賦》。神山峨峨，張衡《西京賦》。名載於山經，左思《吳都賦》。結而爲山嶽。左思《魏都賦》。彌山跨谷，司馬相如《上林賦》。背山臨溪。繁欽《與魏文帝牋》。覽山川之體勢，班固《西都賦》。窮山海之奥秘。潘岳《西征賦》。屹山峙以紆鬱，王延壽《魯靈光殿賦》。出山岫之潛穴。曹植《七啟》。積成山岳，陸機《豪士賦》。勒銘山阿。張載《劍閣銘》。狀若崇山，嵇康《琴賦》。全積如山，木華《海賦》。然後知衆山之邐迤也。吳質《答東阿王書》。其石則赤玉玫瑰，司馬相如《子虛賦》。采色炫耀。司馬相如《封禪文》。盤石險峻，宋玉《高唐賦》。金石崢嶸，班固《西都賦》。瑕石詭暉，木華《海賦》。碝石碔砆，司馬相如《子虛賦》。松石峻垛，顏延之《三月三日曲水詩序》。蜀石黄碝。司馬相如《上林賦》。各得其所，班固《西都賦》。不可殫形。宋玉《神女賦》。十二畢具，馬融《長笛賦》。二六對陳。何晏《景福殿賦》。離爲十二，揚雄《解嘲》。齊得十二，張載《劍閣銘》。隥流十二，左思《魏都賦》。方軌十二，張衡《西京賦》。皆此物也。潘岳《籍田賦》。

25

乃瞻衡宇，陶潛《歸去來辭》。乃睠芳林。王融《三月三日曲水詩序》。區宇若兹，班固《西都賦》。締構斯在。任昉《宣德皇后令》。家承百年之業，班固《西都賦》。尊齋爲程周量先生故第。以廣其居。孔安國《尚書序》。上有千仞之峰，枚乘《七發》。往踐厥宇。陸機《漢高祖功臣頌》。娛志方外，曹植《七啓》。將迴駕乎蓬廬；張衡《歸田賦》。跡遍湘干，顏延之《祭屈原文》。思反身於綠水。潘岳《秋興賦》。且君子之居室也，韋曜《博奕論》。偃息不過茂林茅屋之下，潘岳《秋興賦序》。弋林釣渚之館。鮑照《蕪城賦》。休息乎篇章之囿，班固《答賓戲》。翱翔乎禮樂之場。揚雄《劇秦美新》。閑心靜居，蔡邕《陳太邱碑文》。門無結駟之跡；應瑒《與侍郎曹思長書》。庇身有地，任昉《到大司馬記室牋》。仰蔭棲鳳之林。趙至《與嵇茂齊書》。築室種樹，潘岳《閒居賦》。閱水環階。顏延之《三月三日曲水詩序》。傍巖拓架，任昉《南徐州蕭公行狀》。編蓬爲户。東方朔《非有先生論》。實列仙之攸館，班固《西都賦》。誦先人之清芬。陸機《文賦》。傳土地於子孫，司馬相如《喻巴蜀檄》。各紹堂構；陳琳《檄吳將校部曲》。游文章之林府，陸機《文賦》。接武茅茨。應瑒《與從弟君苗君胄書》。惟此名區，王中《頭陀寺碑文》。又足樂乎其敞閒也。王褒《洞簫賦》。公所製《山居四時序》，任昉《南徐州蕭公行狀》。有江湖山藪之思，潘岳《秋興賦序》。風雲草木之興。昭明太子《文選序》。心游萬仞，陸機《文賦》。獨馳思於天雲之表；曹植《七啓》。志陵九州，張協《七命》。獨擅意乎宇宙之外。班固《答賓戲》。非夫曠達者，嵇康《琴賦》。其孰能與於此乎！潘岳《笙賦》。至於集螢映雪，任昉《爲蕭揚州薦士表》。徒樂枕經籍書，班固《答賓戲》。泛覽詞林，昭明太子《文選序》。趺宕文史。江淹《恨賦》。竹書無落簡之謬，任昉《爲蕭揚州薦士表》。金章有盈笥之談。任昉《爲范尚書讓吏部封侯第一表》。才捷若神，曹植《七啓》。漱六藝之芳潤；陸機《文賦》。紙勞於手，潘岳《楊仲武誄》。究八體於毫端。沈約《齊安陸昭王碑文》。詠周孔之圖書，張衡《歸田賦》。研精耽道；張華《勵志詩》。與賈馬而入室，任昉《奉答七夕詩啟》。强記洽聞。潘岳《楊荆州誄》。留思文章，楊修《答臨淄侯牋》。託情風什。任昉《奉答七夕詩啟》。必蓄非常之寶，孔融《薦禰衡表》。必資不刊之書。任昉《爲范始興作求立太宰碑表》。大雅之人，阮瑀《爲曹公作書與孫權》。逸群之俊，潘岳《射雉賦》。遠近所以同聲也。吳質《答魏太子牋》。加子之勤，李陵《答蘇武書》。行君之意，屈平《卜居》。希當大任，李陵《答蘇武書》。允迪大猷。潘岳《楊荆州誄》。早縮銀黃，劉峻《廣絕交論》。享不訾之祿；陳琳《檄吳將校部曲》。俯拾青紫，任昉《爲范尚書讓吏部封侯第一表》。加非次之榮。羊祜《讓開府表》。鬱雲起乎翰林，陸機《文賦》。秘寶盈於玉府。顏延之《赭白馬賦》。懷金拖紫，陸機《謝平原內史表》。書笥弤彤。王融《三月三日曲水詩序》。宏以青冥之期，任昉《王文憲集序》。不任丹慊之至，任昉《爲褚諮議蓁讓代兄襲封表》。寧得自引深藏巖穴耶？司馬遷《報任少卿書》。想先生之高風，夏侯湛《東方朔畫贊》。明君子之所守。班固《答賓戲》。砥礪清節，陳琳《檄吳將校部曲》。琢磨令範。王融《三月三日曲水詩序》。含珪璋而挺曜，王儉《褚淵碑文》。慕鴻鵠以高翔，邱遲《與陳伯之

書》。願足下勉之而已矣。曹植《與吳季重書》。今我與子，陸
機《贈馮文羆遷斥邱令》。① 雅志同趣。袁宏《三國名臣序贊》。遠
覽長圖，何晏《景福殿賦》。敬聽嘉話。張協《七命》。承惠詩話。
仰崇嶺之嵯峨，潘岳《西征賦》。格高五岳；鮑照《蕪城賦》。
攢珍寶之玩好，張衡《西京賦》。價越萬金。魏文帝《與鍾大理
書》。藏之名山，司馬遷《報任少卿書》。永託茲嶺。孫綽《游天
台山賦》。

梁鴻去桑梓，謝靈運《會吟行》。振衣千仞岡。左思《咏
史》。跂予間衡嶠，顏延之《和謝監靈運》。濡迹涉江湘。陸機
《門有車馬客行》。歸鳥赴喬林，曹植《贈白馬王彪》。寥廓已高
翔。謝朓《暫使下都》。石室有幽響，江淹《雜體》。隨風聞我
堂。蘇武《古詩》。雲端楚山見，謝朓《休沐重還道中》。賞心不
可忘。謝靈運《田南樹園》。山中咸可悅，沈約《鍾山詩》。隨時
愛景光。蘇武《古詩》。

藐盼覿青崖，顏延之《車駕幸京口作》。謂令叔青崖先生。本
自餐霞人。顏延之《五君咏》。詩書敦宿好，陶潛《赴假還江
陵》。遙遙播清塵。謝靈運《述祖德》。結宇窮岡曲，張協《雜
詩》。俯映石磷磷。沈約《新安江水》。衿帶盡巖巒，徐悱《古
意》。聊可瑩心神。郭璞《游仙》。前修以自勖，張協《雜詩》。

---

① 贈馮文羆遷斥邱令，馮文羆原誤爲"馮文熊"。文羆，名熊。
遷，原闕，據《陸士衡文集》補。

各事百年身。鮑照《行藥至城東橋》。

　　景行彼高松，顏延之《直東宮答鄭尚書》。熟覽夫子詩。王粲《從軍》。尊著《詩傳》、《詩話》，採張南山夫子《聽松廬詩》最多。識曲聽其真，《古詩十九首》。平生協幽期。謝靈運《富春渚》。園林無俗情，陶潛《赴假還江陵》。高臥猶在茲。謝朓《在郡臥病呈沈尚書》。開逕望三益，江淹《雜詩》。巢林寄一枝。左思《咏史》。髣髴眼中人，陸機《贈張士然》。想像琨山姿。謝靈運《登江中孤嶼》。

　　懷我歐陽子，曹攄《思友人》。謂雙南茂才。寄言遺所欽。陸機《悲歌行》。承託雙南索序。養真衡茅下，陶潛《赴假還江陵》。復此風中琴。謝靈運《郡齋閑坐》。遠念賢士風，盧諶《贈崔溫》。頓足託幽深。張翰《雜詩》。此中有真意，陶潛《雜詩》。問以瑤華音。謝靈運《郡齋閑坐》。

　　疏峰抗高館，謝靈運《登石門最高頂》。隨山上嶇崟。范蔚宗《樂游應詔》。投分寄石友，潘岳《金谷集作詩》。觴詠社中多舊好。近情能不深。陸機《豫章行》。穆穆延陵子，陸機《吳趨行》。謂星儕茂才。清氣溢素襟。王僧達《答延年》。美話信非一，謝靈運《擬徐幹》。乘雲翔鄧林。阮籍《咏懷》。尊著《詩話》"杏林莊"一則取拙詩。粲粲翰墨場，謝靈運《張子房詩》。懷抱觀古今。謝靈運《齋中讀書》。

鬱鬱園中柳，《古詩十九首》。側同幽人居。顏延之《贈王太常》。尊齋景物頗類余深柳堂。薛蘿若在眼，謝靈運《從斤竹澗越嶺溪行》。築山擬蓬壺。鮑照《代君子有所思》。虛館清陰滿，沈約《學省愁臥》。仰觀嘉木敷。何劭《答張華》。晨月照幽房，張華《情詩》。振風薄綺疏。陸機《贈尚書郎顧彥先》。叙意於濡翰，劉楨《贈五官中郎將》。委懷在琴書。陶潛《經曲阿作》。留酌待情人，鮑照《玩月城西門廨中》。安得攜手俱。陸機《贈弟士龍》。

丈夫志四海，曹植《贈白馬王彪》。功名良可收。謝朓《鼓吹曲》。兼燭八紘內，劉楨《贈徐幹》。濯足萬里流。左思《詠史》。謁帝承明廬，曹植《贈白馬王彪》。表裏望皇州。鮑照《結客少年場行》。屬叩金馬署，陸厥《奉答內兄希叔》。所願從之游。沈約《鍾山詩》。遂登群峰首，謝靈運《入華子岡》。振策陟崇邱。陸機《赴洛道中作》。

　　子虎茂才所居深柳堂，地傍通津，蛋女朝喧，珠娘晚唱，與書聲輒相上下。而子虎閉門寡出，殫精疲力于紅蟬綠蠹之中。每朝夕饔飧，婢僕屢告不應，阿嬰迫喚乃知食也。《嶺南瑣記》

麥　芬 緑畦

十二石山齋口占

石癡海嶽與東坡，持較山齋果若何。梓就時賢詩一集，兩公輸此品題多。

　　緑畦爲余子思問、思兼師，見同人吟咏輒欣羡，自恨爲帖括所誤，恐年老不能推敲。余曰：“高達夫五十始學詩，先生年與之若，盍踵其轍乎？”於是暇即弄筆。有《咏秦史》云：“欲愚黔首火詩書，孔壁誰料已預儲。曲折阿房三百里，楚人一炬總無餘。”意致自佳。《十二石山齋詩話》

何星垣 竹溪

十二石齋詩贈梁子

昨夢崑崙去，言登白玉樓。仙人情繾綣，問我此何求。欲把名山贈，相將縮本投。歸來晤梁子，一一見齋頭。

奇石如高士，增人池館幽。衡陽尋至契，汾水集名流。古處少嘉會，棲心託臥游。湟溱有遺址，與子共千秋。

竹溪五七律專守古音，不諧里耳。蓋擷《騷》、《選》之腴，行之近體，吾粵唯廓湛若、屈華夫能之，竹溪或可嗣響乎。《汾江隨筆》

漱珠橋，當珠海之南，酒幔茶檣，往來不絶。橋旁樓二，烹鮮買醉，韻人妙妓，鎮日勾留。余與介峰太史、星僑茂才、竹溪山人輩，嘗於此作銷夏會，拈韻分題。竹溪有詩云："酒旗招展緑楊津，隔岸爭來此買春。半夜渡江齊打槳，一船明月一船人。"余戲呼爲"何一船"。《嶺南瑣記》

何竹溪讀畫亭吟稿 録七首

夜飲羅八宅

非余偏樂酒，酒易向君傾。一斗如秦鏡，照人肝膽清。更投以明月，朗朗見生平。能得幾回醉，懷歸酩酊行。

内子索畫梅石因并題寄

帷薄存知己，令余愧筆才。誰將太古石，配與羅浮梅。冷艷方成雪，高寒不受苔。山中蚨蝶大，爲子製衣回。

中秋夜月

亦復尋常見，分明今夕圓。滿天涼浸水，殘夜渺生煙。撫景少良晤，懷人多去年。樓頭當獨自，此意更纏綿。

白　菊

受命厄陽九，清華亦自豪。敢言抱微尚，其奈性孤高。籬落非無意，風霜屬此操。從來知己少，屈後僅生陶。

聞季弟由蒼梧入閩

蒼梧殊極望，況復隔南閩。道里悲遙遠，傳聞屬假真。汝應懷長者，余更念勞人。拚去齊飄泊，誰將白髮親。

寄季弟

蒼梧莽莽暮雲低，極目西江旅雁飛。長路艱難思汝瘦，中年蕭散嘆余肥。爲親萬里謀甘旨，同氣三秋惜別違，曾得日歸書一紙，客來還促寄征衣。

暮春送任大歸西隴

詩酒那堪復送春，天南有客獨歸秦。只今春水愁之

子，異日秦雲望美人。千載文章留海角，一家骨肉慰天倫。酸吟苦調慚君賞，莫把殘箋遺所親。《笠亭詩拾》

譚元龍 臥樓

十二石山齋賦

鶴園之北，汾江之東。闤闠四繞，林泉在中。福草梁君，此焉卜築。華謝玉津，麗辭金谷。亭堂三兩，蹊堤五六。有鳥有魚，有花有竹。騷人清供，謂茲已足。繞徑而深，倏如山陰。應接不暇，丹崖翠岑。或貯盆盎，如瑯璆琳。或當峭徑，熊眠虎瘖。不烟而靄，無雲亦霓。酷日彌潤，旬雨不湛。繚繞華岱，駢羅辰參。齋以石名，石曰十二。客有疑焉，請詢厥旨。謂石之美，其止此乎。福草之好，其惟是乎？君曰：匪也。余嘗歷峽山，游湘水，嶺道嶔崎，衡陽岧嶢。其爲石者，有砥有砥，爲崔爲嵬，異如碾磑，怪如儡傀。青蒼黯黛，絳藍碧紫，不知其幾千萬矣。而昔人云：會心不在遠也。即茲犖确嶜巖，離奇譎詭，可以作琴床，可以代文几。佈之可以圍諸葛之陣，鞭之可以急秦王之徙。擬天上之瓊樓則大奢，比峽口之巫峰亦非侈。花陰或障，命夸娥以負焉；竹徑宜通，叱愚公使移矣。香風蚨蜨，暮雨鷓鴣。鋪紅作墊，蘸綠成圖。福草語石子：其樂乎？桂子中秋，菊花重九。月影三人，清風一友。石語福草：木樨香否？課兒習經，對客論史。五千《道德》，廿二傳紀。朗誦高談，清風四起。石亦點頭，曰是曰是。興酣灑墨，思發敷箋。詞敲島瘦，筆走張顛。風雨一紙，珠玉百篇。白石齒齒，相對粲然。若夫鄭驛邀賓，鄴園讌客。雒下衣冠，蘭亭裙屐。倚峨嵋而酌東坡，坐匡廬而觴李白。翻懊曲于愁儂，鬪豪情於歡伯。當斯時也，其樂最劇。福草一斗，石可一石。惟興盡其悲來兮，乃抒胸而懷舊。[①] 溯茲地於湟溱兮，絕風流之太守。二百年之廢興兮，又誅茅而重構。與騷客其有緣兮，羌一先而一後。某感慨於前人兮，亦後人之感某。笑平泉之樹石兮，乃斤斤乎永久。惟留芳於翰墨兮，與貞珉而不朽。

胡際雲 錦堂

十二石山齋詩 并序

　　福草先生，嶺南名士也。丁未春，余游斯地，獲晤先生之姪湘甫，因索先生吟咏，出其《十二石山齋詩話》十卷示余。余即焚香讀之，展卷流連，如獲至寶，然未嘗不以未炙芝宇爲憾。逾日，湘甫復出《十二石山齋畫本》一冊。披覽之餘，而先生之品格高超，才華卓邁，已悉遇諸卷冊中矣。因不

---

① 抒，原爲“杼”，應作“抒”。

自度，漫賦二絶，以誌景仰之私云。

閉門人是米襄陽，拜石歌詩興獨狂。莫道騷壇無嗣響，嶺南風雅又推梁。前有藥亭，今得先生。

玲瓏十二碧峰齊，半置齋東半置西。漫掃緑苔濡醉墨，紫藤花外遍留題。

莫以枋 文興

過十二石齋留題

十二樓臺點綴工，花香竹影石玲瓏。林泉一例探奇僻，付與詩人便不同。

黄文玉 鏡石

寄題十二石山齋

天外渾移十二峰，詩人憑此蕩吟胸。汾江波浪淘青近，湘水烟霞積翠濃。晴畫一林鬱風雨，畫屏四壁擁虬龍。何時我抱瑶琴到，傍磴秋聲和古松。

釋成果 寶樹

題十二石山齋

三神山在東海東，仙境未許人寰通。壺中九華更奇絕，神物已屬蘇髯翁。何如君家並巧致，搔我石癖驚天工。百城烟水催行脚，十二雲巒常夢中。丙午，余有吳越之游。過汾江，友人偕訪高齋，見奇石秀峭，徘徊不忍去。江上金焦天削玉，芙蓉支碎烟雲綠。雲林七十二奇峰，怪鳥高翔獸蹲伏。惜未窮登太華巔，依稀已入三茆腹。吳中獅子林，爲倪高士手創。奇石林立，數畝間具七十二峰，狀如鳥獸，奔翔蹲伏不一，信奇觀也。江山洵美惜歸帆，幻境靈區看未足。茲行眼福有如此，畫圖四百曾堪擬。迴巒疊嶂縱殊觀，月斧雲斤駭一軌。卧游儻爾到巫陽，幽討底須凌弱水。況是詩人留故居，文藻風流應繼起。問君消受定何如，書畫瓶罍經史子。酒酣問花花解語，詩成問石石亦喜。有時焚香彈綠綺，驚紅滿地烟痕紫。此中況味定誰知，米南宮與倪高士。

　　寶樹上人，性喜登臨，越水吳山，行勝迨遍。嘗受詩法於香石中翰，故其所作，格律精嚴。著有《小綠天吟稿》。《廣信道中絶句》云："千山紅放杜鵑花，花氣蒸雲欲作霞。幾樹綠楊人不見，隔江遥

響過天車。”句如“遠公白社無消息，如滿香山久寂寥”、“一龕佛火三層閣，萬斛松濤半枕山”，皆蘊藉有味。《嶺南瑣記》

卷　三

張維屏 _{南山}

十二石山齋記

　　石其能言耶？其不能言耶？其有知耶？其無所知耶？謂其不能言，則左氏紀事，石言於晉矣。謂其無所知，則生公説法，石爲點頭矣。且桂陽有話石，廣漢有音石，峋嶁有響石，丹溪有應石，是皆能言之屬也。荆山有二石，鞭陰石則雨，鞭陽石則晴；臨川有石廩，口開則歲歉，口閉則年豐，是皆有知之屬也。然石之爲物，不言其常，言者其變，有知者寡，無知者多。而吾謂無論常變多寡，要之古今之石，皆因人而傳。醉石，因淵明而傳；醒石，因贊皇而傳；鬱林石，因陸守而傳；奇礓石，因到公而傳；支機石，因張博望而傳；薦琴石，因陸魯

39

望而傳；壺中九華之石，因大蘇而傳；淮南一品之石，因老米而傳。是皆古石也。今清遠十二石，因梁福草而傳。福草游衡湘，歸舟過清遠，得十二石。其色純黄，巨者高二尺許，小者亦廣徑尺。其狀有若峰巒者，有若陂塘者，有若溪澗瀑布者，有若峻坂峭壁者，有若巖壑磴道者。福草載石歸，以七星巖石盤貯水，蓄於齋前，并顏所居曰十二石山齋，屬蘇君枕琴繪圖而請余記之。余思福草癖於石，尤癖於詩，方日取古今人詩，吟詠之，甄録之，品騭之。此十二石與主人共晨夕，必習見之，習聞之。古人或呼石爲丈，或呼爲兄。此十二石，其山齋主人之賓客耶？友朋耶？所謂石交者非耶？昔圯上老人語留侯曰："後十三年見穀城山下，黄石即我矣。"此十二石皆純黄色，其黄石老人之苗裔耶？然則此石其有知者耶？其能言者耶？穀城黄石之言，惟留侯聞之，他人不得而聞也，然無不可知也，所言蓋兵事也。清遠黄石之言，惟福草聞之，他人不得而聞也，然亦無不可知也，所言蓋詩事也。福草試以吾言質之石丈、石兄，其殆有相契於忘言者耶？至石之數，偶與巫山十二峰相合；彼宋玉荒唐之言，世之爲詞賦者樂稱道之，而吾之文則舍是。

　　南山先生，與吳中金手山皆工樂府，世稱二山。又與譚康侯農部、黄香石舍人稱粤東三子。由進士出宰黄梅，屢著政績。迨權守南康郡後，即請假南歸，築聽松園於大通寺側，亭臺既勝，筆床茶竈又復精良，先生偃仰其中，著作等身。而《國朝詩人徵略》一書尤見博雅，其中標題摘句，採擇極精，軼事芳踪，搜羅繁富，洵有功於文獻者。《嶺南瑣記》

　　武進惲子居大令工爲古文，一見南山司馬文曰："子嶺外柳仲塗也。"其見重於時賢如此。《汾江隨筆》

張南山聽松廬詩鈔 錄八首

太平酒樓歌 有序

　　羊城西南有月城，其門曰太平。門內數武，有樓翼然，高及女牆之肩。樓窗洞開，萬户一覽。清風肅客，白雲布筵。雖釀花非餘杭之仙，當壚少卓氏之女，然而老羌方渴，麴生爲緣，飲多鄭公之壺，眠有吏部之甕。莫不青蚨雨集，綠蟻川流，飛大户之觥籌，話中年之哀樂。杜陵有債，尚可典衣；賀監乘船，不愁落井。螯持手熟，鯨吸腸寬。顏酡侔葩，歌響裂竹。嗟乎！君子有酒，能消萬古之愁；仙人好樓，何妨一石亦醉。既醉有詩書代酒券，見者曰："書生耶？酒徒耶？頑仙耶？"酒保曰："嘻！吾烏乎知之"。

交衢突兀糟邱臺，樓窗三面玲瓏開。尋常有酒且一醉，何況相逢舊雨傾新醅。遇劉三山、周秀圃諸君。卅年歲月堂堂去，手挽羲娥不曾住。小時明月鏡團團，照我朱顏已非故。女墻嶄峻臨西城，太平臘鼓鼕鼕鳴。千人萬人樓下行，是時雨霽天空青。青天蕩蕩雲亭亭，雲來雲來勸爾一杯酒，問爾天上何所營。胡不千巖萬壑藏爾形，胡爲東西南北朝朝暮暮也似勞人行不停。白雲不暇與我飲，遠送落日金盆傾。紫霞忽起橫庚庚，飄飄衣帶當風輕。樓頭唫嘯不自覺，散作半空鸞鶴聲。吁嗟乎！北邙纍纍多宿草，山陽笛又傷懷抱。年來舊交多物故。空裏優曇一刹那，海底珊瑚幾枯槁。苜蓿難令駿骨肥，丹砂不救蛾眉老。西子終輸嫫母貴，東方且讓侏儒飽。蜾蠃螟蛉亦自豪，雞蟲蠻觸何時了。佞佛誰能淨六根，學道先須除九惱。明朝有約謁安期，試問何人得瓜棗。

謝文節橋亭卜卦硯歌

矢盡團湖信州棄，兵戈那有垂簾地。建陽市上卜者來，一硯隨身日流涕。賣卜取米不取錢，嗟哉風漢形堪憐。厓山南望波連天，龍舟渺渺沈蒼煙。趙家尺土在何許，慟哭孤臣餘寸田。此田是石復似鐵，硯池殘滴水痕裂。鸜鵒雙眸定清澈，親見悲涼測卦人，墨花飛濺麻衣雪。月東所贈恂叔銘，硯爲周月東所藏，以贈查恂叔太守。失去復得如有靈。銅鼓堂中細拂拭，隱隱碧血庚庚橫。香紙休誇研神記，作伴還須天水器。爲訪端江玉帶生，更覓西臺竹如意。

西湖放歌

名山五嶽何時游，復來西湖弄扁舟。舊雨今雨座中集，<small>魏春松侍御、湯雨生都尉、葉蔗田農部、陳鶴儔秀才、家雲巢都轉。</small>南峰北峰雲外浮。畫船移向孤山泊，提壺直上巢居閣。地勝能栽異代梅，<small>許玉年諸君補種梅花。</small>亭空不返當時鶴。白公去後蘇公來，雙堤六橋花爛開。金牛之湖尚無恙，銷金之鍋安在哉。中州不住西泠住，南來忘却燕雲路。夜榻人簀蟋蟀燈，秋墳鬼嘯冬青樹。鐵弩三千空爾爲，金牌十二尤堪悲。墓前頑鐵擊不碎，雨打風號無了期。世間何物無成敗，老佛年深亦更改。<small>靈隱寺新造佛像。</small>湖上烟雲變態多，舊時顏色青山在。浮生何必多煩憂，亦勿弔古生羈愁。此湖此酒可一醉，對酒却復思前游。<small>辛未同林月亭、汪益齋、金醴香來游。</small>前游念我同袍客，兩在天南一天北。欲話勞人方寸心，恨無健鳥雙飛翼。吁嗟乎！百歲幾人能得閒，飢驅我又辭故山。西湖雖好不足舒遠抱，會當青鞵布韈五嶽窮躋攀。願隨鴻鵠翱翔寥廓一快意，安能如轅駒櫪馬使我跼蹐不得開心顏。

四川營歌 并序

芝齡師見示《秦良玉故營歌》。其地即今宣武門外四川營也。同效吳祭酒體，即以"四川營"名篇。

四川營外桃花紅，行人指點談兵戎。當年此地列鵝鸛，巾幗凜凜傳英風。吁嗟明季軍威喪，流賊縱橫忽西向。烽火連天蜀道難，紅妝一騎來飛將。飛將原來女勝男，韜鈐閨閣竟能諳。問姓定宗秦叔寶，同名羞煞左寧南。兵屝將懦多惶怖，大振軍聲憑石砫。三萬西川白桿兵，寇盜聞風亦知懼。女將英雄孰與京，今來古往試推評。專闥夫人洗誠敬，復讐孝女沈雲英。召見平臺賜顏色，天子臨軒揮翰墨。捧出天題荷寵光，龍章合付弓衣織。奉詔勤王既奏功，毀家紓難保蠶叢。繪圖厄隘策不用，率部拒賊完臣衷。神宗殉國福王走，錦繡江山不長久。聞道秦家舊錦袍，故物摩挲猶世守。宣武坊南有故營，桃花馬上想傾城。畫中小像應無恙，我欲馳書問老彭。彭春農學士家藏良玉小像。

雪後登岳陽樓

一樓俯三楚，破曉客憑欄。岳渚飛雲重，巴陵積雪寒。古今帆影速，江漢酒杯寬。未必仙蹤杳，遥天控白鸞。

徐鐵孫馮子良徐海年萬榭香程謹侯皆有書來詩以答之 五君皆門人時爲縣令

諸君都現宰官身，想見鳴琴治譜新。造福定稱賢令尹，知難敢謂過來人。竟無法可防胥吏，祗有心能對鬼神。便祝亨衢到開府，莫忘風味本清貧。

香鐵廣文至羊城有詩見贈賦此奉答

握手驚看雙鬢霜，回思燕市共壺觴。無多舊好偏長別，難得重逢在故鄉。識定果能辭墨綬，君不就縣令。夢恬不問熟黃粱。君善睡。縈懷最是苔岑契，話到江南盛孝章。久不得盛子履消息。

過邳州詠留侯

報韓心事本精堅，滅項興劉却偶然。豪傑容顏同婦女，封侯恬退託神仙。運籌合在蕭曹上，出世還開鮑葛先。黃石赤松俱幻耳，授書誰見圯橋邊。《笠亭詩拾》

吳　筠 竹庵

訪福草先生題其齋壁

憶昔連灘道，同君汗漫游。暮烟封峭壁，春雨泊扁舟。鍾乳嵌空怪，寒泉咽磴流。今來重訪戴，看石當尋幽。

錢唐吳竹庵性嗜登臨，與余探勝楞伽，絕壁敧崖，從人皆駭，而竹庵飄然白鬢，棕鞵筍笠，捫葛攀蘿，蓋其腰脚較人彌健也。《石圃閒談》

陳文瑞 雲史

過十二石山齋觀石

何時同訪羅岡洞，萬樹梅花水石間。我自愛梅君愛石，米家山外有孤山。時有羅岡探梅之約。其地以梅實爲業，數十里中無雜樹，真梅花大觀也。

十二烟鬟態絶奇，亭亭玉骨浸方池。曉來露氣連根潤，疑是巫雲鍊雨時。福草自言凌晨看石，如烟鬟乍沐，更饒嫵媚。

雲史孝廉，構萊園於西樵之椒，爲娛親計。與白雲洞相望，迎藍挹翠，几舄皆涼。其尊人雅喜聲歌，雲史一日偶過余齋，適宋子卿珊鼓琵琶，雲史耳之，遽出。少頃，則扶其尊人至矣。先意承志，類多如此。《汾江隨筆》

雲史孝廉工小楷，有率更《醴泉銘》神骨。詩不多作。《孤山晚泊》云：“樓閣參差燈上下，笙歌嘹喨水東西。”《題吳樸園別墅》云：“雙橋柳引啼鶯路，一水門開放鴨圖。”《清明將歸先寄白雲洞諸友》云：“雲懶不嫌歸洞晚，泉流翻笑出山忙。”《郊游》云：“有花便到忘賓主，與我同行即弟兄。”

而最新穎者，莫如《水潦即事》云"草閣江深忘入夏，野漁晉聚忽成村"、《水退喜賦》云"黿盤地滑鋪新土，鶴子基乾坼舊磧"兩聯。吾粵名堤曰基，水漲則於堤上再築小堤，名曰鶴子基云。《十二石山齋詩話》

林澤芳 芝園

題十二石山齋

割得雲根帶蘚斑，居然列岫抹烟鬟。匡廬也算留真面，莫道歸來看假山。

崚嶒壁立老烟霞，勝似壺中列九華。漫笑米顛成癖好，從來怪石屬詩家。

縞紵曾叨秘本投，異書剛免借荆州。當年倚檻高吟處，頑石應須爲點頭。見惠大集并書數種，愧未能謝。

芝園中翰，五十餘始領鄉薦，旋捷南宮。書得米漫仕之神，而談吐風生，每令人頤解。《石圃閒談》

潘世清 瀧東

題十二石山齋呈福草先生

先生好石成石癡，米老英光能繼之。年來買得詩人宅，齋爲程石臞先生故居。收拾衆石羅嶔巇。大者青蒼似立鵠，小亦黃栗如凝脂。西齋貯六東齋四，更有二石亭南依。吾聞巫峰十有二，朝雲暮雨多奇姿。蜀粤遥遥數千里，如何縮入君階墀。石齋靜處我能識，樹陰匝地涼雲移。架底藤花蔽朝日，竹根春筍通樊籬。雅人自古多韻事，作畫作書兼作詩。雲腴割取願已足，此外升沈君不知。

瀧東所居，頗饒巖洞之勝。屢書招余，未果往也。論詩頗醉心於拙箸《詩話》，得毋亦牙曠之知耶？《石圃閒談》

鄧伯庸 異庵

寄題十二石山齋

倪迂獅子林，坡老仇池石。公能兼二妙，勝境喜獨闢。雲容入檻青，蓮影墮檐碧。春風啜茗時，秋月焚香夕。遥揣得新詩，掃苔題峭壁。

廖亮祖 伯雪

張道士爲福草先生索題十二石齋圖

秋窗兀坐風雨餘，白鶴道士忽有書。披圖怪石見十二，翠色飛落沾衣裾。從來詩人例好石，巖搜往往窮幽僻。不見齊安二百九十有八枚，坡老得之喜無斁。主人好事應等倫，齊得十二寧讓秦。佳句况聞似冰雪，力追曩哲休逡巡。我家亦有異石一，嵌空玲瓏勢挺出。他時支遁煩致詞，新詩轉向主人乞。

廖伯雪東岸草堂詩集 録二首

張睢陽廟

保障江淮百戰來，孤城身殉實堪哀。蚍蜉竟代援兵力，雀鼠還施應變才。再造勳名開李郭，一時將佐有南雷。睢州此日瞻遺像，恍見金戈殺賊回。

林處士墓

獨占孤山土一邱，當年梅鶴任勾留。同時亦有种徵士，封禪歸來已白頭。《笠亭詩拾》

岑清泰 鐵君

十二石山齋詩 并序

粵東古無《詩話》，自蔣瓊開其先，而人非土著。勞阮齋著《春秋詩話》，意又不專論詩。近則已有十數家，詩話一門，於斯爲盛。福草先生以英年著述，角立其間，持論既正，抉擇亦精。味其旨趣，是欲與古爲徒，不染時趨者，誠吾粵傳書也。捧誦再三，莫名讚歎，爰賦絕句五章，並題其所居十二石山齋，以誌忻慕之私云爾。

著書真覺耐攻難，沙汰恒河膽易寒。惟有此編磨不盡，千秋留與後人看。

聞説湟溱有舊居，當年竹石復何如。那知宋玉荆州宅，庾信重來此結廬。

一角柴門映水濱，周遭叢碧寄吟身。補天填海尋常事，此手於今大有人。

高據葩壇二十秋，談鋒森聳絕時流。聽來似説生公法，任是冥頑也點頭。

讀畫如覘磊落胸，汾江何日得相逢。平生耻下南宫拜，心折齋頭十二峰。

鐵君掌與倪秋槎大令輩合集，藥洲茂才謂其詩以游覽爲特工，余謂詠古諸篇亦有梅村矩範。《石圃閒談》

岑鐵君鐵泉詩稿 錄五首

噴玉巖

一石疊一巖，空洞自成穴。橫亘四十丈，堅瘦類古鐵。上壓千仞峰，下臨碙陡絶。旁通一綫行，始到屢咋舌。微風來有聲，草木助鳴咽。佛形開石底，墻宇亦粗設。萬鈞倘一墮，天柱慮傾折。仰面滴雲乳，伊古滲不竭。險阻難久留，心賞忘言説。

讀海雪堂詩

滿庭甘露記生辰，橐橐西行萬里身。玀鬼山川淹客子，夗孃帷幄老詩人。吟邊狁鳥魂應斷，夢裏銅駝局又新。抵死絲桐抛不得，烽烟誰識玉麒麟。

海珠軍臺

怒濤堆裏插飛樓，控制中權要害收。雉堞連雲開睥睨，犀軍臨水耀戈矛。江間風雨蛟龍會，檻外晨昏日月浮。形勢分明天設險，跳梁狐鼠莫逾溝。

讀虞山合淝兩先生詩書後

龍門當日説荆州，落落乾坤兩選樓。橘裏棋枰還並世，花前吟鉢各千秋。名高未易逃青史，恩重依然到白頭。猶有故交梅友在，青衫彈淚繪羈愁。

馬士英畫

繪事何曾繫廢興，空勞揮灑到崚嶒。昌平儘有佳山水，下筆偏抛十二陵。《笠亭詩拾》

楊　鯤 南池

題福草先生十二石山齋

不着鉛華不着塵，紫藤花外石嶙峋。拈花對石君休笑，天骨珊珊誰與鄰。

陳　淦 麗生

題十二石山齋

青厓拍手老中書，彌勒同龕老佛如。鐵石心腸同冷淡，就中復揀水雲居。

陳麗生詩稿 錄一首

達奚行 并序

達奚司空，蕭梁時波羅貢使也。攜二波羅子種南海廟左右，風帆忽舉，舟人忘之，因立化廟側。土人以泥傅其肉身作遠矚狀，而神事焉。夫遠適異國，卒死王事，是可悲矣。

東植波羅，西植波羅，波羅二子，乃速司空死。司空曰嗟，使臣行役，以將玉帛。玉帛既將，那惜此身化石。乃擊銅鼓，祀我司空。指爲大神，曰配祝融。祝融是配，匪曰不尊。銅鼓以迎，亦飽雞豚。但思波羅兮心愁怨。波羅無花，曰歸無家。指南無車，泛海無槎。波羅有實，歸未有室。不見波羅，愁看浴日。惟虎門之陽兮，正獅洋之湯湯兮。佇立以泣，我心傷兮。《笠亭詩拾》

唐金華 羽階

題十二石山齋圖

山齋石石搖空碧，中有詩人成石癖。汾江一水紛森羅，南衡九面窮搜索。曾從碧渚泛仙槎，踏盡名山破飛屐。或高或下列參差，不密不疏布寸尺。青竿灑落遍修

53

篁，翠葉婆娑間老柏。一卷珍重嗜奇人，百首郵傳好古客。新篇贈我勝琳瑯，雅度懷君似圭璧。湟溱勝地共千秋，米老詞壇參一席。袖中東海漫同藏，眼底蓬萊休浪擲。點頭若許寄題詩，展卷應帶雲飛迹。

羽階孝廉與其伯兄二羅大令，並擅詩名。所著《紅荔山房詩》，五律雄渾，七律頗多佳句，余最賞其"病久兒童皆識藥，交疏花鳥欲親人"、"最難滿量愁中酒，半不成篇夢裏詩"。《石圃閒談》

唐羽階紅荔山房詩鈔 録二首

舟次白馬灘

江干初落日，旅客暫停舟。山色描寒態，灘聲咽暮愁。浮蹤千里外，殘夢五更頭。解纜前灣去，寒烟尚未收。

渡黃河贈友人

九曲黃河險，孤帆白日開。地分南北界，槎犯女牛來。今日乘風志，他年作楫才。七千京國路，到此莫徘徊。《笠亭詩拾》

何同濟 仁緒

十二石山齋

名山踏遍興何如，闢得芳園臥著書。樹亞軒開徐孺榻，竹深人識輞川居。盤胸邱壑詩偏壯，繞座峰巒石插虛。近市不曾清趣減，藤陰攤飯夢遽遽。

黃承謙 益齋

題十二石山齋圖

憶我西樵游，巖洞多怪石。眠雲與洗心，_{白雲洞二石名。}疑是女媧擲。恨莫鞭之來，歸然補花隙。岐海乍歸帆，山齋索題冊。披圖取次觀，窗虛靜生白。十二青芙蓉，分置若布奕。透瘦復嶙峋，幻出非一格。護以紫藤陰，間以琅玕碧。逍遙畫裏身，顧盼安且適。不禁神爲馳，轉令懷今昔。平生愛林泉，夙有米顛癖。滇陽峽屢過，匆匆未選擇。昨陟華蓋峰，他山我不借。室惟十笏居，庭罕八公迹。友石總緣慳，空悵烟霞隔。羨君割雲根，長此伴吟席。料應擘窠書，新詩鏤鐵畫。他時放蘭棹，徑訪仲章宅。一拳一下拜，摩挲手不釋。定符繪事工，妙入生綃窄。

黄益齋仰山樓吟草 録一首

題童二樹畫梅

一樹梅花一首詩，詩清骨瘦兩相宜。梅花未許時人畫，祇愛江南老畫師。《笠亭詩拾》

蘇六朋 枕琴

爲福草先生繪十二石山齋圖并系以詩

九曜池邊九拳石，遺聞今已缺其一。何來十二碧芙蓉，高下位置吟齋中。點綴丹黄入几席，與君共有元章癖。何日攜琴石上眠，自家添個眠琴客。

　　枕琴山人畫，得元人之神。尺素寸縑，得之者珍同拱璧。生涯紙筆，歲致千金。唐六如先生詩云："湖上水田人不要，誰來買我畫中山。"不必爲枕琴賦矣。《嶺南瑣記》

顏　薫 紫虛

題十二石山齋圖

花竹蕭疏靜掩關，半園幽夢繞烟鬟。余半園花竹外，特欠奇石。忽看座上青螺擁，飛入巫陽十二山。

　　聞道詩人此故居，<small>齋爲湟溱太守舊第。</small>藤陰君亦愛吾廬。課兒經卷猶餘事，成式齋頭好著書。

　　城角紅棉三月開，履綦曾訪草堂來。<small>去年暮春，奉晤桂馨草堂。</small>今春夜雨真無賴，一讀君詩一溯洄。

顏紫虛羅浮游草 <small>錄一首</small>

題九天觀

我作羅浮十日游，九天方馭紫雲虬。玉清仙子相逢道，遲爾人間數十秋。《笠亭詩拾》

羅靜安 <small>綺閣</small>

題福草先生山齋

石異生公誑虎邱，講經試問解經不。山齋居士詩聞説，縱比儜頑也點頭。

　　綺閣女史，年甫及笄，姿同耀玉，性嗜潔，矢志不字。嘗見其所書便面，録近作數章，楷法秀媚，

雅近吴興。詩亦娟楚有致。館余友里棠都闔家，爲
女公子師。嘗爲余題十二石齋詩，索其全稿不得，
頗爲憾，而題扇之作亦已忘矣。《汾江隨筆》

卷　四

吉　泰 曉巖

題福草先生十二石齋

奇石森羅伴歡吟，九嶷三島蠶藤陰。隨宜位置皆佳趣，小住游觀愜素心。米老呼兄原跌宕，梁園招我當登臨。此間太璞珍藏久，閉戶汾江歲月深。

滿洲吉曉巖太守，由永順寄詩一冊，屬余勘定。《即事絕句》有云："薄宦巖疆歷數春，而今終受在官貧。往來荒署無他客，半是公私索債人。"其廉介可想矣。《石圃閒談》

吉曉巖詩草 録一首

湘江聽雨

烟水蒼茫萬里程，離懷慘淡故鄉情。况當一夜瀟瀟雨，卧聽衡陽雁幾聲。《笠亭詩拾》

熊景星 笛江

題十二石山齋

好石如顛米，能文似大蘇。庭分衡岳色，家入輞川圖。書罷雲生紙，花開酒滿壺。佳兒纔就傅，記已仿麻姑。

笛江孝廉，書畫兼工，詩尤清妙。味其詞旨，蓋得力於昌谷者爲多。《石圃閒談》

熊笛江詩稿 録四首

劉王花塢

芳華苑，昌華道。不見劉王往日人，但見劉王塢中草。劉王行樂當少年，楊花低舞春風顛。媚猪扶醉勾欄曲，一尺花鬟峙春旭。夭桃千樹熱蠻雲，暖玉温磨腰一

束。春風來，春水波，桃花笑春春思多。葡萄酒酌金叵
羅，五里漂香人踏莎。桃花落，春蕭索，盈盈古水沉珠
箔。劉郎執梃作降王，不記鄉關好池閣。君不見，素馨
斜畔寒草深，石屏堂側鳴飢禽。游人來過千佛寺，依舊
塢邊生綠陰。綠陰覆處清流泚，銅仙淚下如鉛水。桃花
似憶恩赦侯，日暮殘紅呼不起。

金芝巖

在清遠縣東北二十五里，南來者多以僻左，不
得至。

赤芝炎炎如丹砂，紫芝灼灼如紫霞。肉芝如人走且
舞，金芝如金在何許。不識金芝草，言登金芝巖，巖頭
摩戛鳴松杉。罡風吹落天半日，倒射鐵壁高巉巉。千年
服翼老不出，大如白鴉啄石蜜。山魈木客形模奇，龍堂
坦坐平不攲。溜脂倒懸自太古，女人星垂七尺乳。我聞
碧落之洞名三洲，誰知此巖深更幽。採芝山人不歸去，
時有仙靈來宴游。吹洞簫，展瑤席，涼月入杯杯底窄。
空山一笑落松花，石徑如絲繞深碧。

峽山廣慶寺

寺在峽中。唐韋宙帥南海時，以俸錢買菜園，
親書帖尚在。

危峽叢叢插天色，古水沈沈望無極。山腰一寺壓雲根，殿角刺雲凝不得。苔花綠髮鬖舊楹，帝子讀書雛鳳聲。崑崙截得陰陽管，裂石崩崖山亦鳴。破筧通泉瀉寒玉，空廚日暮然苦竹。蒲牢吼風瘦蛟舞，老狐垂髯眼睛綠。定中佛子眉稜尊，神人羽衣來叩門。琳宮飛來不復返，群髡競進頭如鼋。園羊蹴蔬響獵獵，一卷經縹貝多葉。玉環無主哭秋山，香蟫夜嚙韋郎帖。

會仙觀

增江水作明鏡明，沐日浴月雲影生。雲影英英漾光彩，中有仙人故居在。仙人往日顏如花，星冠羽帔凌紫霞。長眉白咽銖衣薄，鶴背明星壓肩落。大羅天上詠霓裳，雲璈水珮天風鏘。麻姑鳥爪擗麟脯，玉鳳嬌獰隔花語。瑤姬一別三千年，蓬萊水淺搖秋煙。王母修蛾換新綠，丹井寒蕪森一束。君不見，萼綠華來無期，杜蘭香去不返，青春蓬蓬白日晚。松花酒熟瑤草幽，雲母三升爲君飯。

單子廉 小泉

題十二石山齋圖用王阮亭米海嶽研山歌韻

我生夢遶衡湘麓，誰歟空展衡石圖。坡仙無人米老死，才薄展卷空嘻吁。吾聞巨靈秘幽隱，買山誰擲錢五銖。況聞衡嶽高百丈，奇峰颯沓山虛無。詎知至寶不終秘，鬼神鞭走來仙都。摩挲古色入夢寐，巾箱髣髴陳璠璵。山齋孤詠恣顧盼，倡和愛友烟霞徒。崩雲散雪那遽數，但覺烟鬟霧髻羅衡巫。研山差足擬海嶽，仇池直欲誇髯蘇。霜華雲母發幽怪，綠蕉翠竹紛盤紆。袖中東海列岣嶁，蓬萊眼底來雲車。亭西一石更碎兀，倒插山骨森靈株。呼兄呼丈類不一，先生拜倒顛誰扶。古榕當晝碧陰靜，活綠倒影涵清虛。暑深往往夜風雨，空堂似綴招涼珠。石小者磈大者礨，山夾水澗淩夾澞。齋頭況復列彝鼎，古碧斑黝生髭鬚。憶昔蕺山舊游地，解組乞地歸鑑湖。風流雲散轉盼爾，人生堪歎如蟪蛄。山人韻事繼諸老，窮搜癖嗜忘艱劬。何時興訪摩詰石，汾江一櫂穿菰蘆。

歐陽鐋 雙南

十二石山齋記

粵山逾白鵝潭馳數十里為汾江，郡以南稱勝地，余友順德梁君福草構十二石齋居焉。齋之中，有琴有鶴，圖書左右列，梁君所坐匡床，揮麈對客，縱談古今者也。外則嘉葩美木，列植交蔭，梁君所巡檐索笑、樹根讀書者也。西建亭焉，顏曰一覽，汾江諸景，可收之几席，梁君所仰而望山、俯而聽泉者也。紫藤館峙其南，藤陰蔽日，竹響瑽琤，梁君所晨夕編詩、暇則臨池者也。梁君好游，性尤癖石。嘗往來衡湘間，遇奇石輒拜，起則淋漓潑墨，題詩其上，而拔其尤者載歸。久之獲石之竅穴透邐、堆阜突怒者十有二，羅諸四隅，而日與名流觴詠其際。昔潁濱有言："士生於世，使其中不自得，將何往而非病？使其中不以物傷性，將何適而非快？"今梁君勤著述，抗志古之傳人，脫然弗爲名利縛。又獲蓄異石，以當臥游，樂豈有涯耶？且余竊爲茲石賀也。今夫石之生不知幾萬億也，求其奇形詭狀若茲石，則百無一二焉。而下者人或聚之爲矼，取之爲砮砨，鋸之爲碑，斧之爲礪、爲屏砧。其偃蹇嶔崎現怪狀者，反目爲不中於用，而委諸風霜雨雪之所蝕，百獸之所蹲伏，樵夫牧豎之所踐踏而斫傷。嗚呼！石之克顯其奇，難已。今茲石獲遇梁君以顯於世，人咸嘆其砌然異矣。吾不知未爲梁君所識時，隱伏於榛荊莽草幾何年，亦有過而問焉否？然使有搜奇如梁君者，先見而取去，而置焉或不得所，又不如伏於荒山窮谷之爲愈也。而邱壑中有類乎此石，而徒踐踏斫傷於野人樵牧，莫顯其奇者，又何勝數哉。余是以賀茲石之遭也。

英夷之攻沙角也，陳都督連陞殉節。都督故有馬爲賊所得，飼之不食，棄之，悲鳴而死。嗟夫！馬可謂知義矣，三水歐陽雙南茂才《義馬行》云：有馬有馬，公忠馬忠。公心唯國，馬心唯公。公殲

群醜，馬助公鬬。群醜傷公，馬馱公走。馬悲馬悲，
公死安歸。公死無歸，馬守公屍。賊牽馬怒，賊飼
馬吐。賊騎馬拒，賊棄馬舞。公死留銙，馬死留髀。
死所死所，一公一馬。《十二石山齋詩話》

何鍾英 蘭皋

題十二石山齋

酒社詩壇二百年，石矓老屋記前賢。羨他此地招風
雅，又見芙蓉小洞天。

嶄絕玲瓏雲水涯，迴闌曲徑巧安排。移將坡老仇池
選，盡入襄陽寶晉齋。

黃瑞圖 子剛

春雨初霽訪福草先生觀石

朱欄杆繞紫藤開，白石盤凝淺綠苔。一朵黃雲三寸
水，尋詩好趁雨餘來。

　　子剛參軍能畫，工詩，書學逸少，一時有三絕
之稱。家饒於財，屢游吳中，才調固嘉，襟情尤曠。

結名流之縞紵，贈佳麗以釵環。費既不貲，復緣鞅
務，家遂中落。後乃疲驢瘦馬，問水尋山。錢唐家
晉竹孝廉贈以詩云："壯士從來愛遠游，短衣長劍不
生愁。獨憐少婦樓頭望，數遍山郵更水郵。"星儕茂
才詩云："訪罷桃根訪莫愁，顛花孲酒足勾留。鞭絲
無恙談前夢，跌宕吳中十四游。"其風致可想。《石圃
閒談》

黃子剛妙有村詩稿 録四首

與賴丈游丫山寺

丫山如丫角，丫頂與天通。下峙雙石扉，滿絡花紫
茸。旁似毒龍窟，一水橫扉衝。石齒排拒之，飛作雨濛
濛。初來層蘢踏澗碧，磴道盤鬱西復東。左登獅子橋，
直上梵王宮。橋頭古木翳巖腹，宮前老柏搖天風。諸峰
羅拱萬松裏，九九洞府佳氣融。儼若眾香真化之絪緼，
望有銀臺金闕交玲瓏。與君前日揚歷游，圓泉如柱懸當
中。循泉西轉度梅嶺，三山三日吾能從。君策赤藤筇，
我折青芙蓉。振衣躡翠微，律律方華嵩。忽爾滂沱響腳
底，轉瞬樹杪橫殘虹。君不見純陽道士飛來日，大書四
字開山容。又不見晦杲禪師靜無念，破徹塵界升蒼穹。
至今留下真法相，我悟非色還非空。仙佛因緣結疇昔，
何當把臂駿虬龍。

寄題王雲舫司馬恩溥種紙庵

羅浮四百卅二峰，太湖三萬六千頃。君家近接洞庭山，我家遥隔飛雲頂。綠天一幅剪不成，興酣泚筆滄江平。兩地迢迢五千里，迸作芭蕉風雨聲。

幽居寫懷

謝却塵勞樂有餘，四時風景足吾廬。百花深處清溪繞，自製荷衣自種蔬。

紉秋館即事

湘簾不捲碧沉沉，雲重風輕弄午陰。三日茆檐清絶事，修花種石醉聽琴。《笠亭詩拾》

梁國璉 漱皆

題十二石山齋圖

性癖休誇米與蘇，稜稜摩弄有真吾。佳人例合藏金屋，十二巫峰入畫圖。

　　漱皆孝廉，門第清華，兩兄儷裳、筆珊先後相繼入詞館，而群從諸阮捷南宮、登鄉舉、列膠庠者，指不勝屈。家故居羊城，每當千門走馬之會，其門外無不見泥金報也。《嶺南瑣記》

何澄鏡 秋農

題十二石齋圖

　　昔我客西湖，偶占清閒福。今我宦西江，飽看春山綠。十年走他鄉，始得一駐足。四面屏障開，一窗倚一角。圓或如旋螺，孤或如立鵠。散或如笏朝，整或如髻束。點綴桃李梅，參差松杉竹。天然真畫圖，地想仙人縮。盡入官廨中，縱我騁游目。時偶值公餘，撚髭吟興觸。忽到故鄉朋，里松停車轂。里松，地名，在賀縣北。來索我詩篇，來示我畫軸。道有米老流，隱向禪山麓。買得詩人居，戩山堂再復。程氏堂名。修竹補疏籬，密林圍半屋。藤架午陰眠，蕉窗夜深讀。中置石十二，片片崑山玉。大小妥安排，庭畔欄干曲。主人深愛此，得之多手蓄。恰好名山齋，人却纖塵俗。奇哉石矔翁，二百年留躅。先生起繼之，風雅遥相續。君築選句樓，千里夢魂逐。我開哦松廳，何時談膝促。君推摩詰手，我亦雲林學。欲代畫一石，五日功未熟。先將題一詩，未必賢士辱。來日試丹青，爲君書數幅。

吴尚憼 桐谷

過十二石齋留題

攜得衡陽十二峰，峰峰仍作碧芙蓉。烟鬟低處留新影，霞帔披餘認故蹤。況有亭臺環面面，更添蕉竹鎖重重。朝來徙倚紅闌外，會看層雲爲蕩胸。

余族兄絅堂與吳樸園孝廉交最久。一日見其摺扇上書二律句云："夜色冥濛四野平，戍樓纔報漏三更。微雲散盡天如洗，碧水分流月有聲。千里江湖初客路，一船燈火故人情。滇江北望鄉園隔，桭觸離愁夢不成。""月鎖澄江樹鎖烟，孤舟人話故鄉天。知君壯志凌滄海，顧我離愁滿畫船。詩骨袛應同賈瘦，酒豪空自愧張顛。游蹤又有姑蘇約，何日相逢訂夙緣。"乃夜泊英德舟中夜話作也。諗爲樸園仲子桐谷作，急索其稿觀之，有《感遇》詩八首，最爲沈着。如"有兄遠宦五千里，獨我閒居三十秋"、"唾手功名偏蹭蹬，到頭歲月又蹉跎"、"入世既無諧世技，依人空有傲人才"。他如《晚泊上聶寺》云："水識人情淡，雲憐客路長。"《蓼花》云："繁華有限春何在，點綴無多景亦幽。""水國生涯應似我，江天冷艷亦憐渠。"《靜寄東軒夜話》云："詩

於老處分王伯，酒到豪時識聖賢。"俱清超拔俗。樸園可謂有子矣。《十二石山齋詩話》

李欣榮 陶村

題十二石山齋用退之山石韻

九疑蒼蒼橫翠微，連峰突兀鑱天飛。何年縮地化奇石，古碧慘淡青苔肥。或云女媧所鍛鍊，鬼斧刻劃形依稀。知君頗有米顛癖，對此直欲忘朝飢。一帆移至十二石，雲窗霧閣扃深扉。商彝周鼎照光怪，時見五色烟霞霏。曉鬟初沐飽倦眼，落英芬馥香成圍。天然位置皆可數，拂拭空翠沾我衣。一拳亦具尋丈勢，俊物豈受塵間羈。會當攜汝補天用，銀漢浩渺乘槎歸。

談子粲 肖巖

題十二石山齋

欄杆十二石青斑，鬌髻湘娥十二鬟。曾記洞庭搖棹過，煙波縹緲望君山。

肖巖工畫花卉，著有《古風今雨樓詩鈔》。詩多閱世語，其《上灘》五絕云："舟從石窟來，力挽汗如雨。亦有下灘時，篙師勿歎苦。"《下灘》云：
"飛濤奔白馬，不費一篙手。昨日曾上灘，苦辛猶記
否。"《十二石山齋詩話》

談肖巖古風今雨樓詩钞 録五首

有所思

有所思，所思在何處。雲山隔蒼蒼，夢斷江天樹。
秋風透枕寒，夜長誰與語。捲幕眄長空，無雲復無雨，
東有牽牛西織女。

謝易君山饋蘭

幽人宅鑑水，君山居近鑑江。蘭蕙環其居。贈我靈巖
種，時逢春雨初。遥知重臭味，獨愧無瓊琚。從此獲良
友，相看意有餘。

風雨渡疊石海

急雨逐江流，天低接浪浮。雲濃疑失岸，風勁欲飛
舟。石助狂瀾險，人深及溺憂。濟川仗忠信，底用吉
光裘。

水月禪院

老寺規模壯，重來訪舊僧。崖傾懸古木，瓦破壓枯

藤。塵座爐灰冷，空庭霜氣凝。佛門猶有劫，人世悟何曾。壬辰、癸巳，西流暴至，院中銅佛高丈餘，竟至没頂。殿宇破傾，寺僧僅存一二，非復前日可觀矣。

通天巖

巨靈擘巖口，煙雲自出没。下聞蒼松聲，上聞天籟發。《笠亭詩拾》

張永堅 雲根

題十二石山齋圖

誰移螺峰來，兀立子雲宅。得毋闢洪荒，巨靈太華擘。分作十二神，崢嶸佐吟劇。刻劃信天工，羅列渾詩格。有聲畫畢呈，入話句隨摘。居士輯有《十二石山齋詩話》。高並石雲巔，吳荷屋中丞有《石雲山人詩集》。遠接石臞脈。齋爲程石臞太守故宅。飽看峰巒佳，省着幾兩屐。眺覽丰姿生，指顧林泉適。不知齋主人，巖搜幾歲月。含笑語畫工，我有卧仙石。余嘗夢游羅浮，見一怪石，戲題"卧仙"二字而覺。後於黄龍觀側得一石，即夢中所見也。居士《紫藤館雜録》曾爲余紀其事。曷不并圖將，山齋共晨夕。

雲根羽士，未簪冠於白鶴觀時，嘗夢入一境：明月滿山，梅花萬樹，四顧無人，心竊訝之。忽一長者冠黄冠，服道服，飄然策杖而來，一童子攜琴隨後。張趨前長揖，問此何地，長者笑而不答。固問之，曰："此梅花村也。"始怳然悟爲羅浮之境。復求指引名勝，長者命童導之游。所歷崇山峻嶺，疊巘層巒，目不暇給。忽峰迴路轉，漸聞水聲潺湲，流出一澗。澗上下均有坦石，澗上者可坐十數人，澗下者僅臥一人。遂偶憩其上，以指蘸水，書"臥仙"二字而去。旋至一處，喬松數株，蔚然森秀。松畔一竈，竈畔一橋，橋連一山，山浮水中，四面波濤激宕，莫可名狀。方欲顧問童子，倏忽不見，但覺孤鶴橫空，劃然長嘯，大駭而醒。越五載，親歷羅浮，求與夢叶者不可復覯，惟於黃龍洞雲谷巖澗中得一小石，適肖夢中所偶憩者，於以歎夢之虛而非盡虛也。爰酹酒石上，題詩云："指痕題後幾經秋，水石依稀憶夢游。我欲傾樽同話舊，山靈知認故人不。"後錢塘繆蓮仙游此，題詩云："我夢知何虛，人夢知何實。鴻爪幻留痕，山靈秘不得。境雖無盡藏，顯晦有定式。石隱宜出頭，相須想已亟。聊憑一夢過，嘉名得長勒。默默有真宰，關創非人力。不然山豈私，胡我夢沒識。惟彼張散仙，證夢石堪即。一經署新銜，雲泉增異色。嗟嗟天華宮，始亦緣夢陟。世事孰非夢，說夢素不惑。蕉鹿知有無，有無未可測。撫石羨雲根，徘徊重嘆息。掃苔留片言，了我憐先墨。"《紫藤館雜錄》

雲根性雅潔，常以磁盆貯雨水烹茶，云甚甘美。

曾記張二喬校書《春日山居》云："二月爲雲爲雨
天，木棉如火柳如烟。烹茶自愛天中水，不用開門
汲澗泉。"想風雅人每有此種好尚。《十二石山齋詩話》

余游羅浮時，訪雲根於白鶴觀，留連數日。雲
根出所著《羅浮雜詠》見示，愛其"雲間石勢千尋
出，樹裏泉聲百道飛"之句，謂爲寫景逼真。瀕行，
雲根以觀榜索書。余方酣醉，草草揮就，殊不足觀，
竊恐山靈笑我也。《石圖閒談》

張雲根東樵吟草 録二首

臥仙石獨酌

獨酌臥仙石，孑然誰可親。舉杯問山靈，來經四百
旬。山若侑我酒，琴筑鳴幽鄰。我飲泉自流，我適物亦
馴。垂手獲金鰕，持作名山珍。一杯復一杯，顧影忘主
賓。宛若羲皇世，留此懷葛民。翹望老人峰，遥遥碧嶙
峋。萬木染斜暉，盎然成古春。

飛雲頂觀日出

峰杪入夜雲氣冥，巍然孑日留孤亭。舉頭天外衆山
小，太空歷歷羅繁星。須臾紅光蕩海水，火輪隱欲升東
溟。天雞喔喔發清響，下界在夢無由聽。罡風倏撥萬里
霧，熒熒曦馭開圓靈。蒼茫獨立挹高爽，朝暉倒射山逾
青。《笠亭詩拾》

卷　五

徐廣縉 仲升

題十二石山齋用東坡壺中九華韻

娟娟十二矗奇峰，一角芳園不礙空。驟雨猶疑雲碓
外，落星已在竹林中。仙人有待傳三略，石丈無生證六
通。留伴詩翁供嘯傲，雅懷最愛玉玲瓏。

鮑　俊 逸卿

十二石山齋詩

琪草瑤花得氣先，九華三島出天然。衡陽不與襄陽
隔，袖底攜歸學米顛。

雲頭隱約認之而，種自榕塘頗自奇。家園有石，長九尺許，號"之而"。輸却山齋排六六，有人鎮日對吟詩。

吾粵書家，自黎簡民明經、謝澧浦太史後，斷推吳荷屋中丞、張翰山方伯，而逸卿太史參處其閒，亦無多讓。唯性過坦易，有求必書，鐵限踏穿，亦已紙勞墨瘁矣。《嶺南瑣記》

吳林光 薌泠

題十二石山齋壁

割取羅浮四百峰，飛來十二碧芙蓉。米家書畫仇池穴，都與詩人作正供。

薌泠以名進士出宰鉛山，解組日士民遮道攀轅。吏愛元崇，人追李峴，知非無自而然也。論詩最喜樂天。歸汾江後，與余輩唱酬，極一時文酒之樂。惜回船載石，已無餘俸租田耳。《汾江隨筆》

吳薌泠飲蘭露館詩鈔 錄三首

江都懷古

誰鑿邗溝水渺茫，無愁天子幸維揚。庭花曲換聞歌李，堤柳陰非尚姓楊。十萬徵螢行殿晚，三千選黛錦帆香。游人爲指雷塘路，幾里迷樓膦夕陽。

留別蔣玉峰司馬

宦跡消磨感鬢華，前塵回首素心遐。飲人醇比周公瑾，知我貧惟鮑叔牙。從此天涯空雁影，但逢驛使寄梅花。扁舟得踐尊鱸約，歸向江頭理釣槎。

鄉程雜詩

杜宇聲聲隔岸催，雲山過眼漫徘徊。扁舟也逐鄉心急，三十六江春水來。《笠亭詩拾》

譚　楷 穀山

十二石齋詩爲福草先生賦

媧皇補天隤玉液，散作十二瓊瑤碧。千年歷劫不消磨，夜夜精光動奎璧。山靈呵護費珍藏，送與詩人供几席。君才今之程可則，後先輝映年二百。二百年前舊亭院，滄桑復變詩人宅。名園前後兩詩人，此石到來忘主客。花辰月地長吟哦，彼此磨礱發光澤。怪得新詩千萬篇，擲地聲聲作金石。

葉常春 筠亭

過福草先生山齋留題

幽居四面盡玲瓏，畢竟詩人布置工。縮得名山歸座右，貯將奇石入壺中。烟雲雪月都呈幻，巖壑陂塘訝許同。十二芙蓉日清供，臥游端有少文風。

> 筠亭都督雅度翩翩，大有儒家風味。詩筆亦雅令宜人。《石圃閒談》

羅文俊 蘿邨

題十二石山齋

瘦骨蒼根各自奇，碧欄十二影參差。平章妙出詩人手，半傍書帷半墨池。

平生愛石真同癖，卅六雲腴左右環。余性好硯石，得西洞美材卅六方，皆雲腴水肪也。又得宋牧仲所遺古墨三十六丸，上自宣德邵格之，餘則程君房、方於魯，最近亦松圓老人所製，無一凡品。因自顏所讀書處爲"三十六螺書屋"。何日青花蕉白肪，余所藏廣厚堂"文章剛斷"硯，蕉白中滿面青花，因購肪皮之。與君磨墨寫秋山。君善書畫，擬請作書屋圖及楹額也。

何仁鏡 小範

福草梁子新得蠟石十二即以名齋其地程湟溱先生故宅也時余官羅定千里索詩因成八絶句録寄

分明皴栗五源溪，玉表珉中漫品題。費盡劉郎糊一斗，蠟書緘遍紫金泥。

着薜眠苔狀總殊，折腰人每把兄呼。就中可有奇礨影，并賭容臺記肯無。

主人情重日摩揩，占得林泉與汝偕。底用阿嬌金屋貯，四圍環侍即金釵。

按月占晴雨不差，欄干倚遍夕陽斜。欲將十二張公客，一朵黃雲配一花。

好陪黃面病瞿曇，君素善病。祝汝詩同不朽三。未必道衡親視草，料知風雨感難堪。懷令叔青厓中翰也。

曾見漢唐池館來，黃亞夫《怪石》句。來青軒程氏軒名想識蒼苔。石臞翁亦玄成子，自授充宗吐幾回。

79

掃盡巢痕爪尚留，昔人來者總千秋。韓陵一片如堪語，爲問萍花草在不。

何異龕留白樂天，人如遥集倚樓前。笑他風月滄浪賤，祇買人間四萬錢。《海日堂詩文集》已刊行。所有《遥集樓稿》、《萍花草》，未知尚存否。

小範廣文爲詩喜用僻典，故字字生新。與拙補孝廉、鐵君山人論詩最洽。所續李氏《蒙求》一書，尤極淵雅。《石圃閒談》

小範孝廉詩頗淹博，余愛其《咏貝多葉》云："貝葉繙西經，經成馱白馬。菩提本無樹，經從何處寫。未離文字禪，詎得稱般若。從來佛教空，浮名未能舍。災梨更禍棗，頌偈供撦撏。何如付秦火，一炬劫灰赭。不材種樗櫟，無異舍梧檟。吉貝亦西來，衣被遍天下。"至《次蘇鈞礴贈別韻》云："別君翻恨識君遲，醉後狂言醒後知。末路才人多託酒，古來名士例工詩。談惟風月應無恙，癖到烟霞不受醫。經幾蹉跎書未著，字慚還欠辨終葵。"尤覺自然。

小範《粤東金石詩》十九首，各有精采。録其五云："訶林苑廢溯虞翻，六祖碑殘莫再論。畢竟菩提亦無樹，堪嗤髮塔記猶存。""問奇何必到元亭，蘭崿雷俱照眼青。武曌創空劉龑繼，龍龕新揭道場銘。""祇存風度一閒樓，墓道空尋土一邱。鐵鑄相公銅鑄佛，金身不壞各千秋。""少時不識銅壺漏，日日來登拱北樓。笑煞大元延祐款，幾行官職姓名留。""東塔金殘西鐵灰，羊頭天雨忽飛來。蠻澄枉祝龍躬慶，兔骨難消石讖灾。"《十二石山齋詩話》二則

何小範洛如花廊詩册 錄八首

杭州詠古六首

自壞長城據一隅，君臣猶復戀西湖。驚聞白雁歌都遍，痛飲黃龍事恐無。夕照已開金世界，夜潮難撼鐵浮屠。新秋莫竟登樓望，剩水殘山馬遠圖。

夢裹山河索汝還，太行可惜不能山。眼前誰閱三分史，腦後長抛二勝環。注孟書曾緘領上，誅秦刀尚插靴閒。那知茸母煙深處，南望家鄉涕淚潺。

紅羅字字閃斜曛，死尚精忠袒背文。縱復分屍屠檜樹，已教唾手失燕雲。一編空著金陀録，二聖猶望鐵騎軍。地下鉛槧題棘寺，有人偷酹賈家墳。

全湖曾入畫圖收，立馬吳山騁壯游。玉斧劃殘淮水咽，金牌催斷汴宮愁。相公縛虎悲青血，老將騎驢感白

頭。鐵臉不如銅臉好，近聞都築太平樓。

大寒休作小寒論，臣姓翻逾主姓尊。只壞生菱移杲卓，空聞冷盞唱韓村。喪師亦踵符離敗，邁種何嫌太尉孫。獨惜頭顱行萬里，累人名損記南園。

集到奇奇太自矜，半閒堂亦小朝廷。襄陽已打三年磽，鄂渚猶圖十景屏。燈膾綵棚談葛嶺，書存玉版重蘭亭。平章軍國原公事，選將偏刊蟋蟀經。

渡　江

殘山一路送南朝，浪捲長空恨未消。暮雨帆檣連鐵甕，夕陽樓閣擁金焦。極天江岸微生樹，近海山城暗上潮。此去淮南秋尚淺，隋堤楊柳爲誰凋。

山東道上偶題店壁

柳過趙北千株綠，山到齊東一派青。恰對濟流清絕處，好風涼煞賣茶亭。《笠亭詩拾》

關景泰 星池

題十二石山齋

君游衡嶽歷君山，買得湘娥十二鬟。從此澄懷堪悟道，不須四壁畫屛顏。

陳官蘭 鶴儔

凡英石、太湖石，俱不宜洗，而蠟石宜之。鶴儔孝廉題余齋云："有時雨過呼奚童，洗出苔花寸寸碧。"乃真知此訣。

鶴儔小楷，時仿魯公，時仿率更，時仿河南，時仿大令。而爲余書《紫藤館詩》一帙，則深得《元秘塔碑》神理。《石畫閒談》二則

任本皋 小韋

過福草山齋觀石

飽看怪石當游山，《紫藤館集》原句。偶誦君詩亦解顏。腰脚憐余尤不健，"登高腰脚輸人健"，《紫藤館集》中句。藤花招我且消閑。十二石俱在紫藤花下。

李有祺 壽石

題十二石山齋圖 并序

　　丁未仲夏，長日小年。塵迹久羈，火雲交炎。酷吏是逼，故人不來。慨焉想入幽谷，泛滄澥，坐苔磴而酌句，席松巖而鼓琴。迎此清飈，蘇我熱魄。固相望也，甚相需也。不謂剝啄瓜廬，惺忪鹿夢，捧來粉本，示以林巒，不覺生涼，颯然入髓。蓋禪山詩人福草梁君之所畫十二石於其齋也。君也幼佩錦囊，天生繡口，驚才磊磊，秀骨珊珊。湖海蕩其壯懷，江山助以吟料。嘗登衡岳以謁赤祝，泛湘潭而弔屈平。乃於澧蘭沅芷之鄉，朝探寒碧楚雨嵽雲之渚，暮採森青，割岸連根，劃浪取骨，得石十二，載舟不孤。想見三生精魂，一品姿格，如珍彈子，如晤瞿仙。水之爲緣，與礪牙齒；秋之爲氣，用寄《離騷》。因移而歸於紫藤館焉。具袍而拜，所癖更甚南宮；攜袖以還，此中自有東海。誠可謂高呼兄丈，合置洞天矣。夫以鞭石而過蓬島，秦皇之虛望神仙也；運石而自太湖，僞劉之空虐黎庶也。木石填而無補精衛，花石歛而僅腴道君。要皆無當於雅人韻事，高士風規。究何如兹之來從，塵外列自齋中。石可轉耶？具大力量；山之真也，作眼前觀。

鬼斧神工，天造地設。擬以如來築室，自謂過之；比諸海嶽名樓，差不外是。予也局促轅駒，未遂向平之願；拘墟株兔，徒懷謝傅之風。今乃寫我丹青，狀彼魁偉，東形虎踞，西象龍蟠，則雖少文，仍是臥游。孫綽依然寄賦，而不禁神爲之往，情爲之移。恍十二樓之峙於仙宮，精瑩透月；儼十二峰之環於巫峽，高下連雲。題十二神，而益覺爛斑；傍十二管，而暗諧丰韻。幾回醒醉，趁行樂於十二時；一歲陰晴，共周旋於十二月。詎獨仇池穴邃，潛通小有之天；儘教雲母屏開，長悟忘言之訣。

衡嶽驅雲來祝融，青天倏移十二峰。峰峰下染湘江水，江風吹綠還山風。汾江梁君伯鸞裔，自小奇崛詩能工。高標傑出壓培塿，千巖萬壑撐於胸。洞庭之南君山北，冥搜蜃穴兼蛟宮。選得丈人石十二，米顛下拜鞠其躬。紫藤之館齋西東，扶以三老無頹容。四五相對騰九龍，合成六六峰參錯，陰陽向背玲而瓏。寫入畫圖極濡染，繽紛古藻尤熊熊。我來玩圖情忽勃，恍然親泊湘江篷。湘江石魂香杜若，石骨深秀依芙蓉。石腴久被煙霞蔚，石竅不礙波濤春。其韻清泠作秋響，鼓瑟舊與雙妃逢。其氣沈沈鬱幽怨，行吟曾寄三閭踪。騷人自來有夙契，梁君耽咏能神通。想見齋前擁茲石，點頭説法如生公。不數艮嶽與靈壁，九華三島將毋同。四時摩挲結吟陣，自爾料得江山供。奇礨峩峩挺特立，配此奇士皆英雄。壽於大古鎮相會，爲仙爲佛爲醉翁。我願更借補天去，彌綸造化詩無窮。海到枯時石不爛，五羊交峙光如虹。

李壽石詩稿 録三首

蘿岡洞探梅

濛濛煙際村，淡淡村外水。南北嶺萬枝，短長橋十里。花多似無花，雲氣連尺咫。獨立天蒼茫，悵然懷彼美。聲與香飛來，一鐘空外寺。披雲溯蘿阬，絶壁照寒翠。直過虎溪橋，忽笑醒花睡。高僧何處逢，禪深已如醉。老僧臒若梅，心迹寄虛白。住花忘花多，指點但寒碧。我是三生來，獨尋生面石。蘿阬寺左有石洞，刻"獨開生面"四大字。洞口僅容人過。山茶與長松，一見悟疇昔。寺有山茶、羅漢松，皆數百年物。

羅浮茶

蓬萊移根帶仙樹，迷離海雨靈芽護。暘谷三更燭洞天，仰吸光華赤丸鑄。羅浮之茶蒙頂同，披雲曳霧芙蓉峰。四百神君惜嘉種，噴泉夜灌鞭癡龍。幽居洞北冪寒綠，蝶使傳春出空谷。群真采茶住茶庵，旗影導溪綴蒼玉。滿山泠泠鱗甲浮，木客攀香飛石樓。妝明玉女犯朝露，杖壓壺公擔素秋。丹爐古煙焙新藥，一樣瓊煎景泰水。瘦芝和咽沁齒牙，半枕輕颸落松子。

鶴

壽於華頂松，松氣蕩仙風。片影水雲淡，一聲天宇空。高情無礙野，傲步豈知窮。虞網遠林壑，還深警露衷。《笠亭詩拾》

陳汝礪 子鋒

十二石山齋漫興

紫藤花館秀芙蓉，中有湟潊舊隱蹤。坐對小山無個事，自澆池水種疏松。

花韻闌干覺晝長，爐烟細爇紫檀香。校書倦倚南窗下，一枕松風水石涼。

竹影當窗冒碧紗，藤花滿地落殘霞。茅亭一夢真幽絕，十二巫峰月正斜。

何年賞識出風塵，交借他山兩度春。一樣石頑依舊在，點頭偏有說詩人。

簡 苓 仙泉

題十二石山齋圖次東坡答王晉卿
以詩借觀仇池石詩韻

異石鬱嶙峋，瘦骨森古綠。梁子酷嗜之，營齋同託足。紫藤護其巔，蒼蘚蝕其腹。參錯位置寬，毋令蕉篁蹙。地雖近塵囂，何異居郊牧。倘引水三分，怳具小岳瀆。人生貴適意，寶豈在珠玉。所以宋米顛，見石輒拜伏。嗜好古爲徒，風流洵可卜。寧爲石低頭，不屑世徵逐。對石抱膝吟，高響震巖谷。研石日行耘，此外淡無欲。斯人有斯圖，實獲予心曲。會當訪石來，莫笑客不速。

吳重源 淵海

福草以十二石齋圖索題率賦

高士愛吾廬，心遠忘地僻。披圖覽石齋，六六峰爭闢。如鬟沐曉春，四望涵空碧。怪狀露嶔巇，猶能動俗客。深致況雅人，復饒米顛癖。緬懷戴山堂，尚存程子跡。荒蕪二百年，復作詩人宅。飛翠湧亭亭，空青分兀

兀。風雨入窗櫺，煙嵐供几席。神自到巫巔，奚須幾兩
屐。憶我琴友朱，贈我數英石。每當撫絲桐，衆山響應
拍。英德朱觀泰先生，與余學琴羊城，歸後寄余英石數拳，致書云：
"欲令撫琴動操，衆山皆響。"何日造君齋，援琴彈月夕。爲君
譜高山，悠然志各適。

　　淵海茂才，長身鶴立。與余數晤於羊城。善鼓
琴，每令人聞之，有翛然塵外之致。《石圃閒談》

吳淵海詩草 錄二首

東郊初發

雲起奇峰擁翠鬟，肩輿三五路彎環。四圍山色看無
盡，又過青坳轉處山。

南朗魚寮小酌觀海

山林行盡海風腥，萬頃波濤入酒瓶。醉指漁舟問漁
子，海門何處是金星。《笠亭詩拾》

黎耀宗 煙篷

十二石山齋記

昔李邕撰石室之記，陸倕浉石闕之名，一則刻畫青

蒼，一則挾張瑤麗，均與文人游息之區有閒焉。即香山
叟以天竺娛情，玉局仙以仇池作供，亦無過著之歌詠，
標厥靈奇，要未有坐對溪山，摩挲爲快，謀數椽以居之
者。比部福草梁君，和而介，工詩畫。枕葄外無他嗜，
顧有泉石癖，嘗登祝融峰頂觀日出，縋幽鑿險，不遺餘
力。甲辰春，自衡湘歸舟過中宿，購得蠟石十二，皆純
黃色，巨者高二尺許，小亦廣徑尺，爛蒸栗透，腴割肪
鮮。自峰巒陂塘，溪磵瀑布，以及峻坂峭壁，磴道巖壑，
靡不具體，鬼斧神工，不可思議。乃仿壺中九華法，以
七星巖石盤貯之，置於庭前，水碧皆立，雲頑不流。因
榜其所居曰十二石山齋，潢成畫册，徵詩以紀。介其同
邑何小範廣文索記於余。余按其圖齋之左爲梅花草堂，
花時巡檐索笑，如置身香雪海中。西則一覽亭，倚闌遠
眺，心目俱開。對面爲紫藤館，每當清風徐來，綠雲滿
地，閉門覓句，晝靜如年。且其地實國初程湟溱先生故
宅，二百年來，風流闃寂，先餕後餕，初地傳燈，冥冥
中若留此席以相待。宜乎梁君署石戶，訂石交，盟鐵石
心，得松石意。詩聯石鼎，話續石林。收石硯以爲田，
掃石床而點筆。漱石傳其雅謔，裂石發其新聲。寫竹石
之槎枒，搜金石於秦漢。誠足爲藥洲、仙湖後添一詩料，
較諸花爲四壁、鶴共一船者，彌結古歡。豈真三生石上，
此中原有宿根耶？抑余考《周禮》秋官一職，以嘉石平
罷民，以肺石達窮民。梁君齒猶未艾，懷黃石之略，隸
白雲之司，方將砥名礪行，益儲其幹濟之才，俾他日觸

石興霖，崇朝遍德，而不僅以一邱一壑自謂過人者。謂余不信，請以此言叩之。

題十二石山齋圖

我生素有米顛癖，每到低頭爲拜石。濟勝自憐腰脚孱，空聽風泉響四壁。絕代風流梁伯鸞，舉頭天外心雲端。名姓偶然挂朝籍，便着荷衣冠簜冠。支筇直上衡嶽麓，吸盡湖光萬頃綠。奇形怪狀羅心胸，尚慮煙巒看未足。朅來新自瀟湘還，扁舟晚泊凝碧灣。眼前突兀現皺透，髮髳十二巫峰鬟。壺中九華遜此妙，東坡居士許同調。已替石交築名園，更煩畫手寫清照。披圖一笑開古春，天教名勝遺詩人。誰向巇山問故址，泥痕爪跡餘前因。一角虛亭徒倚遍，天光雲影日千變。梅花香澹藤花濃，併入雲林尺幅絹。先生愛畫兼愛詩，千里敲門來索之。濡毫欲下不敢下，佛頭着穢心驚疑。書來并屬撰圖記。聞道鄭虔得三昧，不曾識面已心醉。文字有緣交有神，分明欵唾九天墜。還君粉本名山藏，吟魂縹緲飛空蒼。何時真個畫中到，醉枕松風蘿月傍。

羅定黎煙篷孝廉，十四齡時，受知於顧耕石學使，稱爲"乳虎初生氣食牛"。後年三十餘始領鄉薦。文駢散俱工，詩七古大有昌谷之遺，近體則翡翠蘭苕，鮮新欲絕。其《楊花曲》云："秋千扶影隔窗紗，曳雪牽雲感歲華。一樣飄零儂較甚，從今

休更逐桃花。"《嶺南瑣記》

黎煙篷聽秋閣詩草 錄六首

夢游龍宮曲

東海蟠桃花始胎，海門上對天門開。曉日曈曨挂一角，空中現出金銀臺。翩然拂袖彩雲起，罡風吹過七千里。神山霧露侵肌涼，行盡魚頭見魚尾。龍笛參差鼉鼓鳴，衝波踢浪紛相迎。魒魸紅映琉璃屏。旋宮環珮春無聲。崢嶸四柱奠鰲足，堂上高燃九樺燭。斕斑玳瑁收千箱，錯落珠璣進萬斛。三島十洲來衆仙，香涎蓺罷霏輕烟。揮毫競賦明月篇，龍王大笑頒金錢。蓮漏沈沈扃水府，酒酣奉觴快起舞。螺杯瀉騰真珠紅，灑遍瀛洲作玉雨。

夜宴謠

蓬山夜靜洗秋雨，梧影烟深白鳳語。湘娥含笑倚銀屏，仙風吹下環珮聲。心字香銷篆未改，散作芝雲絢五采。誤把蟾宮靈藥偷，人間一謫三千秋。羅綺叢中步屧出，珊珊仍抱碧虛骨。蘭因絮果無人知，暗託微波通妙詞。曼聲次第流金管，海水傾殘玉漏短。射覆藏鈎開綺筵，新詩題遍衍波箋。天雞咿喔綠窗曙，扶醉搖鞭背花去。

寄贈福草先生四首

西抹東塗不記年，輸君才調最翩翩。文章妙得江山氣，消息潛通翰墨緣。耳食有人勞夢寐，心香何處供雲烟。臨風展誦新詩話，洗盡箏琶聽九天。

儘教鸞鳳佐鞭答，儒雅風流海內知。古意愛尋黃石伴，秋曹權領白雲司。琴尊跌宕開三徑，花木清妍賞四時。較比杜陵高一着，無煩人寄草堂貲。

留人松桂倚清陰，所居曰松桂里。避俗休嫌入不深。金碧樓臺畈佛界，瀟湘雲水淨仙心。君曾爲衡嶽之游。小蠻也解歌楊柳，大阮曾同嘯竹林。珍重戴山遺蹟在，苔階一步一沈吟。

國初諸老競扶輪，除却梁園數屈陳。南海衣冠仍昔日，曲江風度更何人。迴瀾漫擬傾三峽，貫札真堪挽六鈞。寄語寫生吳道子，相期收拾五羊春。聞與吳子星儕同輯《嶺表詩傳》，故云。《笠亭詩拾》

卷　六

馬榮椿 小琴

題十二石山齋圖呈福草先生

　　游鱗樂重淵，飛鳥思故林。人生貴適意，安能事風
塵。世人亦會此，非復求其真。紈袴終習氣，俗士難知
津。先生伯鸞裔，高標殊絶倫。睥睨鄙肉食，曠懷輕華
簪。峩冠挂神武，策杖歸江濱。緬懷大阮風，繼武翔鸞
振。陸機早作賦，北海時延賓。少年多瑰瑋，著書還等
身。前賢盛裙屐，遺跡青藤陰。高士一展席，名園多芳
春。美石貯十二，一一皆璆琳。秀挺若子弟，嫵媚如佳
人。兀立森異狀，俯仰盡有神。坐令數畝園，日涉對崎
嶔。無乃和氏璞，嘗爲楚王瞋。蹭蹬委南海，不聞鏗然
音。用難大才厄，質粹無淄磷。偕子共高隱，千古同素

94

心。吾曹嘆勞役，驅逐如孤臣。頗具邱壑志，羈束難爲
申。亦有兩男兒，未識尺與尋。負郭無寸土，故山渺無
垠。歸息恐無時，豈復因患貧。展圖若有得，神會境已
臻。輾轉未忍釋，太息空微忱。與子隔阻修，良契欣苔
岑。眷言成後期，永懷寄長吟。何時掉頭去，許接孟氏
鄰。

　　鑑湖馬小琴先生，詩以《騷》、《選》爲宗，一洗
甜熟之習。雖浮沈宦海，抑塞末僚，日以嘯歌爲事。陶
彭澤折腰五斗，原不損其亮節清風也。《石圃閒談》

吳炳南 星儕

十二石山齋記

　　余友梁君福草歸自衡湘，獲十二石，羅諸庭除。既
招四方名士作詩歌以寵之，復屬余爲之記。余嘗登崧臺，
探石室，泛連灘，宿於楞伽之峽，過英州，叩碧落洞，
其突起摩空，崔嵬變幻，足以駭耳目而蕩胸次者，靡不
游及。還羊城，訪藥洲故址，南漢九曜猶存焉。凡吾粵
奇觀，皆魂夢所常戀也。福草嘗曰：“余石有峰巒體，有
陂塘、溪澗、瀑布體，有峻坂峭壁、巖壑磴道體。”余登
其門，綠蕉翠竹，拂人衣袂。入其齋，彝鼎爛然，有鶴
有琴，有書有劍。齋之南爲紫藤館，則福草詠歌地也。

齋西石五，齋東石四。東偏曰一覽亭，石三。夫天地大矣，臺榭池館之勝，固人力所可構。而高人逸士棲遲之所，則群若有慕焉。是齋與石無足傳，傳者固在人也。抑吾聞是齋也，舊爲程子周量蕺山之堂。自周量没，而荒蕪者百有餘年。福草卜此以居乎朝吟夕諷，復能召儔命侶，講習乎聲詩，國初諸老之風流，信於兹未墜也。

十二石山齋歌

君家兄弟皆好石，羡君更有元章癖。南也華溪舊釣徒，移家來作汾江客。汾江地苦無佳山，收綸日落長掩關，探幽捫險興久殢，雙屐不蠟孤笻閒。芳齋偶爲談詩至，池亭忽帶烟霞氣。眼中突兀危峰多，疑是群星夜深墜。片帆三月瀟湘飛，滿船載得衡巫歸。一卷壁立露峭削，一卷磴道盤翠微。一卷凹若野塘浚，一卷洞奥苔花潤。一卷平遠摹倪迂，一卷指大尤雄峻。其餘六卷貌已醜，暴雨倏來駭欲走。迴戀疊巘不自奇，稱奇轉怪滿人口。曩聞此地程石矍，蕺山堂闢營幽居。貧交落落召陳屈，新吟往往凌王朱。楊憑廬許住香山，庾信宅偏尋宋玉。二百年來重結屋，綺疏清蔭羅蕉竹。清才君未愧前賢，楚游示我南還篇。蘭芷離憂雜沅澧，詎獨海日能齊肩。憶我與君訂縞紵，髫齡意氣相期許。星霜遷變同逝波，中年絲竹愁無主。人生萬事浮雲浮，渺茫三島兼十洲。塵勞願與謝羈紲，偃仰藤床堪卧游。

星儕茂才，天爵自修，故其爲詩清微淡遠，而才力既富，閒亦沉博絶麗。句如“身賤敢談天下事，才疏浪得世間名”、“無多涕淚供離別，莫爲妻孥厭賤貧”、“一春無夢離楊柳，十載多愁託杜鵑”、“才緣短拙常依友，性喜疏狂愧作儒”、“萬事都防來日悔，百年能見幾人閒”、“稱願最難知過早，捫心常覺負恩多”，更能入人肺腑。《石圃閒談》

星儕最嚴于論詩，常謂二百年來七絶壓卷之作，屈華夫之“三年爲客”，王阮亭之“霸氣江東”，洪昉思之“春明門外”，徐芬若之“憑山俯海”。此論誠然，但推及余之“畫船朝放”，則愧不能當耳。

丹徒張茶農大令云：詩無古人性情，必有時人習氣。星儕詩能脱習氣，所以獨見性情。詠古諸作，時而工麗，時而莽蒼，蓋合義山、梅村爲一手，其傾倒可謂至矣。《汾江隨筆》二則

吴星儕華溪詩鈔 錄八首

洞庭歌寄吕四

我所思兮杳無極，乃在洞庭之南，洞庭之北，洞庭之西，洞庭之東。洞庭湖闊烟濛濛，君山山翠重復重。湘妃杳矣不可見，秋風蕭瑟游人倦。欲采芙蓉遠寄將，

洞庭之路阻且長。他鄉雖樂何如返，日日倚閭人望遠。倚閭望遠華髮滋，游人不返空相思。

清流關

關路鬱嶕嶢，南唐事寂寥。驛程連大柳，山勢壓全椒。風定飢鷹落，霜嚴瘦馬驕。武功侈開國，暉鳳就擒朝。

金　陵

棠陰殉國恨如何，南部關心少艷歌。半壁殘山聊復爾，一年明月本無多。似聞玉牒猶疑偽，幾見金繒足議和。麥秀黍離荒草滿，斜陽依舊照銅駝。

得家書却寄

忽從萬水千山外，得見經年一紙書。知汝平安差足慰，問余眠食近何如。客途況味貧兼病，曩日襟懷酒與魚。記取荔支好時節，征人應得返蓬廬。

梅花嶺懷古

涕泣河山暮氣成，東南半壁莫扶傾。餘哀欲訴高皇去，垂象翻愁上將明。直以頭顱勞子固，空將血性感興平。可憐苦戰揚州死，尚說騎騾倉猝行。

袁經略祠

仙城高與碧雲盤，經略祠堂兀壯觀。萬里君門讒易構，五年邊事責誰寬。秦王果見疑甘茂，張浚曾聞殺曲端。一歎屬鏤情太忍，封疆不爲惜才難。

村　居

門外春搖萬柳斜，前村一角露桃花。未能盡把交游謝，又約詩僧訪酒家。

栗　里

晉代河山感陸沉，結廬人境託長吟。先生乞食夷齊餓，千古遺民一樣心。《笠亭詩拾》

杜　游　洛川

題十二石山齋圖

憶昔夢上羅浮巓，怪石突兀參吾前，懷奇蓄變不可宣。龍蹲虎踞勢萬千，醒來欲說忘言詮，幾時飛到君齋邊。令我展卷心茫然，尖削窊剜殊可憐，數與巫山相比肩。五羊九曜同堪傳，六穿三醜難爭妍，胡不煉此補青天。想君軼事似張騫，乘槎徑取支機旋，不愛萬鍾愛一卷。直與米老輝後先，閉門已自足山川，何用尋山費屐錢。高齋景物堪流連，芭蕉葉大藤花懸，牙籤玉軸雜琴弦。古器寶鼎知何年，亭前白鳥常翩翩，茶烟輕颺夢初圓。看花選石來群賢，焚香掃地坐談禪，近市時或烹小鮮。飲未及斗詩數篇，興來灑翰如雲煙，只有韻事無塵緣。始信佛地居神仙，我亦作草師張顛，我亦學詩法青蓮。恨未訪戴思乘船，論文把琖同分箋，醉倒枕石花間眠。

洛川廣文工畫花卉。所闢南園別墅，則因慈度禪房而少拓之，與南園相望。南園故勝國時前後五先生觴詠地，今改爲三大忠祠，以祀宋末文、張、陸諸君子。洛川所營別墅，一水遥通而地僅數弓，終日殺粉調鉛，或詠歌不輟。一時名士留連款洽，題贈之作已遍粉牆。楊慰農觀察求其畫，至再三不可得，後乃親叩禪局，索一冊去。觀察之風雅，廣文之孤高，人並稱焉。《嶺南瑣記》

徐同善 竹君

題福草先生十二石山齋圖

高人寡好獨石癖，日對十二青芙蓉。自言此中足邱壑，歸來衡岳倦攜笻。

池上吟擬白香山，圖中畫過黃子久。海山仙鶴偶飛來，小蓬島訝落君手。

漢軍徐竹君，爲鐵孫太守哲嗣。太守博聞強識，詩近韓蘇。竹君家學淵源，故竪骨堅蒼，選詞雅正，能洗時下穠纖之習而空之。《石圃閒談》

易景陶 君山

爲福草畫十二石齋圖并贈以詩

梁子構山齋，羅列石十二。謂予有同情，粉本遠相示。憶初識君時，總角年尚稚。袖裏一卷黃，融蠟油如膩。因此臭味投，談交樹旗幟。無何歲月殊，袂分營所事。別來二十年，忽忽已忘記。昨歲惠瑯函，瞥欵珠玉墜。崇論實起予，光芒發幽秘。鑑水與汾江，相隔百里地。而以孟皮病，一晤無由致。我亦有山房，早署百石字。自笑知術疏，言誇莫酬遂。多君咄嗟成，力役一何易。畫畢還寄君，書之當題識。水墨譜閒情，聊悉兩人志。

當君山游桂林，歸獲石百，有美人一拳，大類拇指，眉目畢具，柔情綽態，宛轉如生。君山寶之，同於性命，貯以玉匣，裹以重綾，置其母枕中，以爲老年人少睡，不慮盜竊也。匪同癖者，雖至交不輕示。余幼時訪君山，得一見。後君山屢客異鄉，十餘年來音問隔絕，所謂美人者，亦不知何若矣。《紫藤館文鈔》

易君山百石山房詩鈔 錄一首

過族祖秋河公墓，次吳鴈山韻

三尺殘碑正首邱，佯狂真不覓封侯。借將紅粉飄零恨，同作青山汗漫游。五嶽烟霞雙眼白，四天風月一龕秋。孤墳賴有憐才句，消散松楸寂寞愁。《笠亭詩拾》

溫　訓 伊初

題十二石山齋圖

我昔東游，過穀城山。不見黃石，仰止神仙。載披斯圖，十二娟妙。匪夢雲雨，以資吟嘯。清遠峽邊，雲碓自春。産茲蒸栗，逋峭崆峻。洞天一品，壺中九華。子之嗜石，其蘇米耶。

陳　璞 古樵

丁未冬歸自羅浮題福草十二石山齋

移得巫峰十二來，烟鬟錯落草堂開。不須更躡青鞵去，坐擁空庭碧幾堆。

卜築何人伴著書，呼兄呼丈足相於。綠陰撲地苔痕合，幽處真同木石居。

我踏羅浮紫翠間，乘風輕易一筇還。袖中恨不攜東海，轉眼塵囂失碧山。

陳瑩達 韞堂

寄題十二石齋簡福草先生

山齋臨汾江，顏以十二石。一石具一體，絕類鬼斧劈。花木相扶疏，圖書列几席。有亭曰一覽，聽泉望空碧。幽棲足歡娛，利名非所懌。憶昔騁雄懷，衡湘遍笠屐。石奇輒下拜，依依儼莫逆。摩挲不忍忘，樂與共晨夕。一品開洞天，前身米顛癖。宇宙寬而閒，癡人自形役。百年安可期，生質非松柏。與子素不面，神交悟曩昔。詩話如群芳，一枝蒙採摘。藉遺素心人，小草聊塞責。遙遙興寤思，羨子萬古宅。子才非斗計，博洽出常格。何時泛滄浪，來睹室虛白。

陳韞堂《詠西樵》云：“巨靈盤鬱涌蓮花，拔地芙蓉插漢斜。七十二峰春潑黛，東西南嶺曉披霞。仙居有跡長留井，官地無聞只種茶。最是年年寒食節，杜鵑紅裏萬人家。”黃香石中翰亟稱之。《讀留

侯傳》云："帝王師以神仙退，佐漢功成賦遂初。辟
穀冷看功狗戮，始終得力老人書。"張南山司馬亟稱
之。《汾江隨筆》

　　詠木棉最難着筆。南海陳韞堂詩云："十丈珊瑚
十丈霞，千紅萬紫挹高華。英雄氣燄佳人淚，歲歲
春風第一花。"《十二石山齋詩話》

梁廷枏 章冉

題十二石齋圖

　　袖裏奇峰，壺中圓嶠，無端飛到嬛娜。平點池亭，
環遮萬个篔簹。最憐搖曳芭蕉逗，詩情寫遍，秋涼闌干，
細數朱樓，問何時、腰折襄陽。　　　烏衣夢妥，彩筆催
忙。草鬚抽碧，苔眼舒蒼。朝朝暮暮，神驅楚峽湘江。
意興飄揚，喚丈人、共入奚囊。展縹緗。繪出汾流，先
換湖光。右調寄夏初臨。

　　章冉學博，所著《藤花亭叢書》三十種。其
《南越叢錄》、《南漢叢錄》、《金石稱例》等書，足
資考據。而《曲話》五卷，尤能獨擅神解。李繡子
太史稱其自元明暨近人院本、雜劇、傳奇無慮數百
家，悉爲討論，不黨同而伐異，不榮古而陋今，平
心和氣，與作者揚榷於紅牙紫玉之間，洵非溢美。

故所爲《圓香》、《江梅》、《曇花》、《斷緣》四夢，
殊有錢竹初之清婉，萬紅友之精嚴。《嶺南瑣記》

梁章冉藤花亭詩集 錄四首

石城行

惠陽山結如城石，我見因作石城歌。山脈團融孕石
骨，奇石莫若茲山多。億貌千形萬萬變，如幢如蓋如旋
磨。薈萃精神奮全力，橫勢捲出平嵯峨。高逾五尺迄十
仞，一圍圓拱延山阿。女牆欹出敵樓外，勻綴雉堞排青
螺。上弦下削引繩墨，芟除凹凸煩磨磋。不知何年集鬼
斧，想經百戰降山魔。飛泉下瀉突奔湍，石梁側偃濠翻
波。鍊霜老松雜檜柏，風塵颮起森藏戈。縱令羽檄日旁
午，陴路坦坦馳驊騮。遠岸披掛將軍甲，毋乃犄角通呼
嗃。縐雲垂雨奚足數，幻開異想如天何。蜃氣憑空化市郭，
恐偶目眩訛傳訛。曷如壁立亙天半，直許萬手群摩挲。祖龍試鞭築長
塞，紅羊劫後生叢莎。此山此石屹萬古，將與大地綿山
河。惜哉位置絕無用，牧樵長據牛羊坡。今年海事嗟偏
頗，駭浪湧至東洋倭。安得飛去如浮羅，虎頭勿使千
夫過。

碎玉行

五仙門外情烟彩，天縱珠娘媚珠海。軟水香波十里

餘，沙環茉莉汾江滙。待年十載深藏柳，呼來悄坐諸姨側。上頭微散麝蘭芬，近水樓臺月二分。私介雁媒傳燕語，蹤跡萍飄無定止。蕭郎此際尚沉吟，援手翻縈惜玉心。兩地頻經春復秋，光景依稀認板橋。惟有前時人乍見，還持袖底王珉扇。朝朝暮暮情深淺，兩行淚點珍珠落。抽刀斷水謝娉婷，恃何瑤島駐雙成。君心似石妾心灰，市上惟尋賣絹牙。游冶兒郎行第七，降心且等膠粘漆。千金論價何曾妄，石碑銜對東流水。招到同心夜抱眠，

汾江有女顏如華，擇婿三春未破瓜。一見翻令兩下疑，薄酒寒爐伴夕釃。二分孤月照嚴霜，願諧鴛侶別蜂房。盡日甘搖柳絮風，繚亂愁絲百轉深。布帆珍重淒然去，天涯已長相思樹。舊事久隨殘夢過，桃花不減春風面。酒罷燈闌訴遠離，除卻襄王那得知。蓮心苦盡藕絲長，任道無情卻有情。驚聞不覺增惆悵，塵海茫茫安所向。從此鬢蟬羞墮馬，陽臺入夢留旬日。每聞脫籍便居奇，爭奈郎慳夜合貲。水有乾時石有摧，鳩血親調分半與。

生長河房厭狎邪。佳名小玉多珍惜，相逢好似曾相識。通宵燈燭人三影，怕對離筵幾斷腸。自言身比汾江水，今番苦捲蕉心雨。掉頭未發連珠諾，潮落潮生渺何處。去年重到值花朝，新愁還逐古魂銷。縱歇牆頭韓壽香，烟花顑頷怯支頤。無端再舉姻緣託，轉悔當年相識錯。怪煞玉戹分二陸，遠山橫鎖秋波上。別船無奈抱琵琶，誰憐彩鳳怯隨鴉。轉念姑將李代桃，共把貪狼喚鴇兒。生來命薄長如死，天乎太酷儂當癡。癡郎乍醒試扶頤

將，沈沈大夢呼難起。浹旬朋飲城東河，散席剛逢春夢婆。凶信乍聽神憯絕，青衫迸出杜鵑血。夜促蘭橈叩玉棺，江花江草助辛酸。擋船東潦吞津岸，望眼西陵隔市門。舊愁新恨從頭記，往日負情今報義。雙燭魂沿草腳招，百花塚撰梅坳誌。未必幽冥盡渺茫，黃泉跬步即天堂。偈說維摩飯鷲嶺，龕同彌勒伴獅王。獅王感此亦生憐，人世情終讓佛仙。仙城萬口歌埋玉，雷岡煙鎖眉峰蹙。

歸　舟

春槳蕩春愁，春江不斷流。煙波雙夾岸，風雨一孤舟。遠道聽鴻信，荒田足鶴謀。勞勞塵海闊，蹤跡問浮鷗。

夜過流花橋入雨花寺茶話

村塍如繡晚生霞，度過平橋路又斜。缺月羞人遲入樹，老僧愛客疊呼茶。孤燈未燼覓殘莢，清磬剛疏聞落花。到此頗如身出世，渾忘琴劍滯天涯。《笠亭詩拾》

何廷旋 蝸廬

寄題十二石山齋

遙集樓難認舊基，宋先王後共棲遲。衰年尚有尋幽興，更欲來游一賦詩。

潘紹經 漢石

十二石山齋詩爲福草先生賦

世人愛金玉，萬千苦不足。但求所寶貴，安知所好俗。主人磊落懷，石交情何篤。剔巖搜怪奇，艮嶽出林麓。縐瘦盡成形，玲瓏皆豁目。一卷已不凡，數況應六六。在天十二辰，在官十二牧。光分九曜多，品勝九華獨。衆美萃庭除，星精常滿屋。從此起雲雨，八方隨處觸。咫尺列名山，免勞遠瞻矚。漱石匪志存，抱璞非韞櫝。樓臺豈不佳，黃粱夢一熟。金粉劇繁華，轉瞬銷殘馥。何如烟霞趣，供養神仙福。應是三生緣，修來根證夙。自惟頑鈍姿，半生徒碌碌。未探石室秘，空負十年讀。時作石田耕，幾畝庄荒陸。蕭齋何所有，侯封擬修竹。

　　漢石工八分書，邇來自伊墨卿、錢梅谿外，斷分一席。而墨卿超逸，梅谿老重，漢石奇肆，又各自分途也。《石圃閒談》

何天衢 亨齋

題十二石山齋圖

梁園主人青瑣客，臺閣乃有山林癖。舟車往還萬餘里，不採珍珠採怪石。太湖英蠟十二拳，山齋我我相周旋。洞天三品得未有，淡與泊遭忘言詮。紫藤花下讀書處，一詠一觴臨水住。吟成偶或賭到漑，酒醒何須借德裕。戢山故址今久湮，百八年後君替人。石矗石圍遠相接，大雅隻手同扶輪。飽讀新詩勝沆瀣，願見竊以詩爲介。側聞風義多石交，展幀先下南宮拜。

亨齋明經著有《不寐齋詩草》，其《蘆花》五律爲時所傳誦，起四語云："疑雨全非雨，如妍轉不妍。無人有人處，一水一橋邊。"自屬超脫。至《鴻門詠古》云："兩國主臣俱智勇，一家骨肉半恩讐。"真精湛出色矣。《十二石山齋詩話》

何亨齋不寐齋詩草 錄二首

上巳日家藝庫招同謝照山李韋荐家垂雲蘭渚葵渚理亭看紫藤花晚集南湖禊飲分得惠字

　　留客雨驟歇，鴉背翻夕霽。茲晨不出游，恐負豐隆惠。況踐看花約，有如訪都麗。茆屋罩古藤，未入心先契。可惜我來遲，落瓣黏衣袂。拾作油花卜，童嬉諳成例。沿溪步之折，一路香氣遞。與客返南漪，列坐修竹際。龍錢布薄宴，馬射標新製。酒酣渾漫與，俯仰豪情繫。曲水事依然，蘭亭人已替。當境不爲樂，高會後誰繼。譬比英粲粲，滿架珊瑚綴。幽賞偶愆期，紫雲邊繞砌。所忻成陳迹，匪獨茲花細。代謝古如斯，莫放佳日逝。匝月肯過我，此地再修禊。是歲閏三月。

桂泉枉次前韻再賦代束

　　屏跡村居未有鄰，閉門惟與古相親。蟫能食字真英物，蟬解唫風亦可人。垂老已拚絲竹肉，忘機聊贈影形神。家山自昔稱詩國，幾個詩才壓錦巾。《笠亭詩拾》

何惠祁 宋吾

訪福草先生不遇題其齋壁

已仰高山二十年，余總角時已飲君名。識君因以石爲緣。蓬萊終是神仙地，許到瓊樓復渺然。

假山誰信勝真山，即此林泉已占閒。笑煞阮孚雙蠟屐，年年辛苦磴蘿攀。

何宋吾鸝請館詩稿 録五首

寄十二石齋山人

聞道重開李杜壇，幾人錦繡鏤心肝。入門誰是風騷主，借問新詩刊未刊。

未必編詩事始勤，步看花月坐看雲。人間多少清閒福，都被先生占幾分。

我在娜嬛福地回，至今魂夢尚徘徊。情癡如許張華賃，收拾行裝再訪來。

一架藤陰萬架書，此中只合列仙居。幽棲更擬清流

111

築，近聞擬構別墅。可繪新圖早寄余。

　　未拜高風乑索詩，曾索余題畫。詩成恐石丈人知。他時載酒從頭問，豈但都官一字師。《笠亭詩拾》

曾　釗 勉士

十二石山齋記

　　余性嗜畜石，嘗游粵西興業，將至城十里而遙，入山口，平原延袤數百弓。環石山爲垣，黝如英德石，高十仞，壁立巖嶄，連苔參霄。離壁根數尺，往往有特立石，或如人負手仰天，或如猛虎踞地，或如臺，或如覆釜，或如半環，或如璧好，皆拔地無所依傍。石缺處有叢樹，露屋角如畫。日亭午，駐肩輿觀之，久之炊烟遠起，夕陽銜山，輿夫催行，乃捨去。妄思歸家購英德石，堆而象之，然人事牽率，未能也。今年春，汾江梁君福草介舍弟惺齋示十二石山齋圖索記，披覽之，如行興業山中，所殊者繞以蘇垣，非環石爲壁耳。然其紫藤綠蕉，疏竹馴鶴，興業山中無之。梁君能詩，宜其工於點綴如此，始知人心結撰，可與天作地藏同工。嗚呼！有天地即有石，石奚止十二？當未遇梁君，在糞壤與路隅均不可知。今列之爲山，且以名齋，余爲十二石幸，抑亦爲他石感。興業，鬱林地也。昔陸績載石歸吳，一石外無聞焉。今人皆耆英德石，豈復知有興業哉。興業苟爲梁君游蹤所及，余又將爲彼石幸也已。

招成材 夢泉

十二石山齋詩

秀色鮮於十二釵，玲瓏石骨妙安排。此間舊是詩人宅，《紫藤館集》中句。一瓣香傳海日佳。

紫藤花館湛清華，朱十當年軼事誇。轉覺江鄉風味好，綠天深處竹爲家。

吳時敏 臥廬

題十二石山齋

洞天佳品四三台，布列窗南詩境開。海嶽多情呼伯仲，梁園能賦盛鄒枚。知音落落分真賞，得善拳拳合取裁。誰個似君無別事，石交風雨共徘徊。

李衛公《上西嶽書》石刻，竹垞先生定爲僞刻，謂高祖擊突厥時，衛公爲隋馬邑丞，反自鎖，上急變。識天命者如是乎？然舊説相沿，亦詩家所不廢。

113

黃虛舟廣文題云："西嶽有靈焉用禱，太原無主孰爭雄。"是仍用李肇《國史補》說也。臥廬孝廉《應天寺》云："應天幾欲擬明堂，帝履雲游駐簡陽。第一山頭多衲子，袈裟誰辨御衣黃。"沿《從亡隨筆》之說，亦竹垞所深辨者。《十二石山齋詩話》

任其芬 霞邨

題十二石山齋

荊南歸去楚山孤，蓄得烟鬟當畫圖。寂寂紫藤花架外，半窗寒月夢湘巫。

溫子頴 筠栖

題十二石山齋

天意娛詩客。巧安排、名園奇石，伴君游息。衡嶽歸來饒撰著，苔畔丹鉛狼藉。況地是、湟溠故宅。壇坫當時雄嶺嶠，二百年、繼起君其責。休但抱，南宮癖。

紛紛別墅窮金碧。競搜羅、珍禽異卉，恣情聲色。金谷可憐歸一晌，誰守平泉片石。爭似此、騷人勝跡。願竟藏山千古業，便時移、終不名俱寂。輞川卷，今猶昔。右調寄《賀新涼》。

鍾應元 蕙樓

題十二石山齋

誰人今米芾，夫子昔倪迂。歸袖攜東海，虛堂築近郛。耐交惟有石，相對並忘吾。即此巖巒具，何容作畫圖。

陳　澧 蘭甫

十二石齋銘

因樹支峰，剔苔注壑。爐篆生雲，研池分瀑。影列壺嶠，勢爭衡霍。叢桂香留，鉛松翠落。園圍野篠，架絡仙藤。竹扉兩版，山樓幾層。庭延夜月，案有晨燈。湟溙可作，與結詩朋。

卷　七

李可瓊 石泉

題十二石齋圖

媧皇補天剩奇石，十二域中留崱屴。福草山人風雅客，愛石拳拳樂晨夕。薈萃淮山一品姿，南宮寶晉圖方冊。石兮長伴畫書詩，北山猿鶴檄休移。繞室雲煙生眼底，揮毫東海袖中攜。石逢知己應醉倒，石兮石兮不知老。春來綠遍長生草，可名十二神仙島。

南海李石泉先生，與兄次雲、弟椒堂俱入翰林，仕至山東轉運使。性恬澹，少宦情，太夫人歿後即不復出。每過余十二石山齋，則曰："余三十年宦途況味，不如今日坐此逍遙也。"詩不多作，記其與余

仲父青厓同賦《浴日亭和東坡韻》云："到處滄溟
共一天，扁舟蕩漾溯黃灣。曾經浙海觀朝日，更向
焦門看暮山。萬里風烟迴客夢，百年詩酒破愁顏。
何如曝背東窗下，拄杖閑閑十畝間。"句如《贈鄒太
守》云："漢代循良二千石，竇家風範十三經。"
《贈徐配五明府》云："人如野鶴三分瘦，官與梅花
一樣清。"俱佳。《十二石齋詩話》

黃培芳 香石

十二石山齋記

　　吾家石齋先生，以石名齋，不知其有石否也。吾粵
葉石洞先生以石名洞，則以羅浮得名也。今吾友梁君福
草，以十二石名齋也，何居？齋在禪山潘涌之側，北界
汾江，東峙石雲，乃程海日蕺山草堂故址也。十二石者，
道光甲辰春，福草薄游衡湘歸，購得蠟石十有二，嶔崎
磊砢，傑出天然，爰琢七星巖石爲盤蓄水，列貯于庭，
意仿東坡壺中九華也。獨是九華石卒爲他人所攫，山谷
詩所謂"有人夜半持山去"，可惜也。福草不急於仕進，
閉戶自精，以著述爲事。日對此十二石，又何幸也。東
坡詩才固足凌跨千古，海日亦以詩鳴國初。邇者福草詩
名蔚起，將見遠法東坡，近踵海日，當無愧也。福草少
年卓識，胸吞雲夢者八九，則謂此十二石有拔地倚天之

概，作十二峰觀，亦無不可也。道光戊申孟陬撰於羊城
艮閣。

題十二石山齋

有客返衡陽，巫雲合貯囊。壺應藏九華，色似帶三
湘。拂拭依花逗，吟哦伴石牀。共誇蘇米後，梁子讀
書堂。

香石先生，家自黃文裕以來十八傳，書香不絕。
吾粵世守先業者，未能或之先也。《嶺南瑣記》

羅浮本神仙窟宅，香石中翰乃推爲粵嶽。其
《粵嶽頌》云：“斗南一嶽，天外三峰。子夜觀日，
群仙駕龍。”

香石《白雲寺題壁》詩云：“曉行人帶烟霞色，
雨過山含草木香。”深得山中神理。《石圃閒談》二則

黃香石嶺海樓詩鈔 録九首

游浮山最深處至暗花溪橫雲谷

雲端千尺松，心逐飛鳥度。轉轉四五峰，高下屢迴
互。深宵覿幽境，石梁橫瀑布。桃花開碧溪，流鶯喚芳
樹。因樹架爲門，離披綠葉附。世外有佳人，求漿頗不
忤。小兒秀眉目，見客玉齒露。門前憩瑤石，靜極得真

趣。杳然非人間，已失來時路。

峽山寺

林巒鬱勃招提起，古寺飛來峽山峙。南禺晴接北禺雲，後灣碧漾前灣水。蒼茫欲覓阮俞逕，清晝生寒綠雲委。天風泠泠吹珮環，帝子恍來修竹裏。崖深谷隱秦人逃，山青水斷猿聲死。幽絶坐我淙碧軒，雨灑晴天清客耳。平橋幾折入雲根，泉流激石石齒齒。石上題詩各深刻，捫苔試讀暫移晷。泰泉曾詠海翁岩，金石已入覃谿梓。猝訊山僧不可尋，萬壑寒烟空獨跂。先泰泉先生有《海翁岩》石刻詩，見翁覃谿《粤東金石略》，是日尋不見。刹那難爲勝地留，塵勞恐被山靈恥。登舟去去弄潺湲，且趁清風半帆美。

集雲泉山館家蒼厓招賞梅

海天萬里明紅霞，寒雲漠漠開山家。朝暾人影射林谷，照見萬樹瓊瑤花。主人招邀眾仙客，到門一一停雲車。共愛寒香傲冰雪，盡洗俗態無鉛華。或來林下藉茵坐，擬議畫本抽寒芽。或倚深叢花作幔，臥看白玉清無瑕。或攜一樽避人跡，獨窺疏影枝橫斜。賞心各適滿空谷，逸氣直欲爭天葩。興酣灑墨向粉壁，筆可屈鐵驚龍蛇。是日湯雨生畫梅壁上。劉樸石師暨謝里甫皆有題壁詩。雪泥鴻爪偶留迹，四座歡賞皆咨嗟。我住山中已旬日，日日采芳臨水涯。堯年古澗賸有韭，安期仙棗看如瓜。群仙忽散白日落，山月伴我窮幽遐。

曾賓谷方伯建虞仲翔祠於訶林舊址敬賦

陀城西北功曹宅，舊植訶林有遺跡。自從花木換禪房，風烟又閱年千百。鐵塔塗殘南漢金，菩提飛盡蕭梁碧。游人到此禮空王，久無尺土祠遷客。南城曾公今召伯，百政具修興力役。粵會河渠濬廣深，扶胥廟道築山石。弔古花宮溯仲翔，重營棟宇捐金帛。我衡割據思江東，仲謀降魏非英雄。子敬公瑾窺大意，其餘器識多凡庸。誰呵于禁芳被斥，獨伸大節生英風。夢吞三爻善治易，經義亦折少府融。青蠅作弔終已矣，海隅長此嗟道窮。天風忽見吹靈旗，巍巍共快瞻新祠。大敞華筵集賓客，肅將祀事陳牲犧。群材相與詠其事，鴻文公自爲之碑。豈徒盛舉慰淪落，振刷頹靡當在斯。得一知己可不恨，千載以下非公誰。

冬夜同友人聽琴歸山館玩月

古寺鐘已悄，梅花香獨微。山空看月上，衣冷聽琴歸。良友淡相對，素心殊未違。夜闌渾不寐，幽興滿巖扉。

渡　江

江水碧迢迢，無風蕩畫橈。地形迴北固，山色送南朝。擊楫心何壯，沈沙鐵已銷。曾經滄海客，兩點數金焦。

與居停友人話別

君且掛帆去，蕭齋吾自安。月明人不見，江上柳初寒。小別隔雲水，永懷思芷蘭。何時發高詠，寄與故園看。

過海幢寺口號

登山臨水渾無定，乞畫求書半是僧。今日得閒攜鶴到，萬松深處一枝藤。

舟　曉

榜人漸語知天曉，夢醒煙波一櫂間。江上白雲先我起，推篷擁被看遙山。《笠亭詩拾》

楊方教覺亭

寄題十二石山齋

一齋人境裏，十二石迴環。倚牖時看竹，開門便見山。不須腰腳健，自得性情閒。何日能相訪，攜詩待訂删。

　　覺亭喜藝菊，每當秋光滿園，與其子南村分題唱和，家庭之樂，無以過之。《石圃閒談》

吾邑楊覺亭《山居》句云："種柳臨門深作幔，鑿厓分瀑瀉成簾。"《夢中作》云："酒當豪氣人增壯，詩到奇時鬼亦驚。"《荒徑》云："蔓草慣拖行客屐，斷林微露老農家。"俱有放翁筆意。《十二石山齋詩話》

彭樹梅 五嶺

看石宜於風雨之際。彭五嶺題余齋云："隱隱風雨飄忽來，旋覺烟翠紛可摘。"最有會心。《石圃閒談》

五嶺齋中，只榜"草亡木卒"四字，餘無有也。《嶺南瑣記》

彭五嶺客於禪山，聞余有詩癖，因來訪謁。余索所存稿，言行篋未攜，命筆録近體數首，其中佳句，如《春晴》云："雨過添花氣，雲崩漏日痕。"《冬夜》云："尋夢每欹枕，畏寒時膱床。"《客禪山贈諸知己》云："好友每於貧賤得，新詩都屬別離多。"《暮春病中寄玉臺上人》云："春如過客常輕別，愁似無家不肯歸。"都覺清新。《十二石山齋詩話》

三 多 堯臣

題福草比部十二石山齋圖

丹青妙與石傳神，繪出玲瓏骨相真。似把名山收入畫，臥游招我宦游人。

李徵霨 孟羹

福草索題十二石齋圖率賦

湟水西來建瓴直，劃斷叢嵐瀉深碧。千尋隱伏吼雲根，兩岸崢嶸陡天壁。客冬假道此北去，吹盡霜楓半山赤。諸峰磊砢露圓相，縐瘦玲瓏現筋脊。波頹雲委窈萬狀，旁臥枯松老逾瘠。堅根縛石石不死，生氣橫撐有餘力。其下陂陀坦堪坐，疑有仙人展瑤席。吁嗟嚴程轉相逼，欲往從之更無翼。舊游彈指瞥如夢，壁倚孤筇妥雙屐。癖，日對雲脥當朝食。嵯峨偃蹇各有態，點綴籬坳並花隙。翻嫌偷奪世多有，聊借丹青徙靈跡。亭邊冉冉雲木秀，戶外離離風竹寂。中有布衣人不識，枕席芬菲飫芳液。東樵西樵兩突兀，飛向虛堂伴朝夕。圖成走筆索我歌，我歌則那空太息。楚水吳山渺千億，客路綿延豈終

極。邇來不出舐破硯。硯亦乾枯鮮殘滴。買山有願百不
償，枕石雖言幾回易。倦盡生平萬里心，石則無言我機
息。何當畫向林巒間，暫假屠門慰飢色。行把并州快剪
刀，截取生綃分半尺。

　　余仲父中翰公《無怠懈齋詩》刊行後，拙集
《紫藤館詩》亦付梓。南海李孟夔孝廉在陳雲史孝廉
座上，一見即愛不忍舍。明日致札於雲史云：“青厓
先生詩品高淡，恰肖其爲人。福草古體遒勁，近體
更多佳句。聞足下雅與梁氏有故，能多方爲弟求一
本否？不然，恐弟效蕭翼故智，則足下所有，不能
無巧奪豪偷之患。”雲史傳其札來索詩，余誠不敢當
此譽，然嗜痂之癖，世亦未嘗無其人也。《十二石山齋
詩話》

李孟夔詩稿 錄一首

長生殿七夕歌

絳宇澄清珠斗沒，纖雲四卷天河闊。瑤佩徐鳴殿閣
風，銀牀欲下梧桐月。綵樹轉燈雲散影，仙衣臨檻露凝香。蕙
央。綵樹轉燈雲散影，仙衣臨檻露凝香。蕙心紈質皆娟
妙，就中秦虢尤同調。貴妃明媚最承恩，含情屢得君王
笑。傾國傾城破寂寥，人間天上總魂銷。不爲班女悲團
扇，真比靈妃渡鵲橋。歡樂朝朝還暮暮，大遍逡巡換歌

舞。院内聽殘梨部箏，罇前擊碎花奴鼓。此際君王忽愴神，茫茫身世欲沾巾。今生密誓知無負，更卜他生未了因。玉顏承旨修娥顰，割盟旋向天孫祝。但願長依帝子家，不教淚灑湘娥竹。鳳花錦上不知愁，記曲還從桂殿游。只解按歌翻玉樹，渾忘墮地失金甌。金甌破失嗟何已，范陽堠見妖氛起。千群青犢下潼關，萬騎黃巾逾渭水。凶鋒轉盼逼神京，一夜宮人已數驚。凝碧池頭烽火映，望雲亭畔鼓鼙鳴。可憐四紀唐天子，川竭山崩竟如此。複壁難教伏后藏，景陽獨賜張妃死。梨花從此不曾開，一縷芳魂沒草萊。馬嵬絕望陪陵瘞，牛女應知下界哀。金牀玉几嗟何在，繁華夢醒花魂悔。故劍悽涼何處求，五雲樓閣空相待。太息前盟事不諧，傷心遺殿長秋槐。西人祇自看羅襪，南內還應泣玉釵。《笠亭詩拾》

周子祥 靈椒

題十二石齋圖步福草先生原韻

漸老游觀興漸闌，何如坦掌弄烟鬟。遙知一石一天地，十二山齋看假山。

雲根一一繪倪迂，竹外梅邊儘自娛。癡絕米顛頻下拜，韻人從古愛清臞。

紫藤山館薜蘿垣，中有幽人寂不喧。寒澈巫峰天欲雨，萬花香裏閉重門。

注罷魚蟲課虎兒，瑯嬛福地少人知。十同居士傷廉極，不獨求書并索詩。欲乞《紫藤館詩》以慰渴想。

靈楸近以其《眠琴書屋詩介》，霍香谷茂才屬余點定。詩筆極清，《答友》云：“非我安知我，惟吾亦愛吾。愁來天地窄，病久性情孤。默坐通禪悟，長眠稱懶軀。北窗差不寂，梅鶴伴清癯。”《寄家采苓、松年》云：“到門芳草色，滿眼是相思。別夢五湖水，春愁二月絲。杯深微凍減，骨瘦苦吟知。愛爾西堂夜，清詞早見貽。”《村居》云：“溪流之折入桑麻，獨木橋邊三兩家。覓句短廊貪賸月，懷人深院惜飛花。舞風簾隔巡檐燕，嚙雨苔延篆壁蝸。老去頗諳幽趣味，漸能止酒不顛茶。”《和族姪敦原》云：“我輩不妨高閣束，阿誰合賦小山招。一龕蘿月自瀟灑，半榻琴書不寂寥。漸息機心容閉戶，慣尋詩夢輒通宵。狂歌白日驚風雨，遥和松濤答海潮。”俱佳。《十二石齋詩話》

曾　照 曉山

寄題十二石山齋

聞君多石友，一石一心交。砥礪成吾介，吟哦對汝敲。烟痕寒且碧，山意曲能包。合貯詩人宅，清癯似島郊。

曉山所著《花南集》，凌藥洲茂才最愛其"露重天如洗，江空月可招"、"流水響深竹，閒門開野花"、"山光迎晚棹，水碧上春衣"、"地淨月無影，山喧雲有聲"、"蹉跎悲去日，風雪逼殘年"、"箬笠青蓑蘆藪雨，板橋芳埭荸茨風"、"蠻谿驛暗桄榔雨，瘴海船衝瑇瑁潮"等句。蓋其錘聲鍊色，字字生新，得力多在中晚。《汾江隨筆》

粵東多墟，墟必有期。曾曉山《燕塘趁墟謠》云："燕塘墟，十里餘。二五七，趁墟日。沙紆路僻，石凹凸。石凹凸，脚欲折。亂草長蛇出復没，市男雖勞不敢歇。冬颶祁寒，夏日炎熱。市男擔重肩流血，飢寒那復憐皮骨。"讀此覺山市之苦，增人歎息。《十二石山齋詩話》

曾曉山花南詩集 録三首

珠江雜詠

金粉居然似六朝，詞場風月夜相邀。舊時裙屐無消息，載酒伊誰問阿喬。

金色莊嚴梵宇新，鶴群棲老海幢春。途窮落魄遺民盡，依佛應憐汐社人。

禾 花

香散平疇野雀喧，每逢開處憶鄉園。清霜九月農家路，十里濛濛接水村。《笠亭詩拾》

李聯澍 莘林

十二石山齋題壁

飛來靈鷲碧雲邊，東海攜歸話昔年。絕似華嚴彈指現，好將三昧悟詩禪。

名園異卉播奇芬，瘦石嶙峋迥不群。十二闌干閑倚遍，每從花缺見腴雲。

梁　漢 云津

過家福草山齋爲繪齋圖留贈

別開仙館號藤花，石癖詩豪自一家。安得雲林瀟灑筆，再留五日繪精華。

云津茂才工畫山水花卉，詩亦情詞婉轉，耐人咀嚼。如《桃葉渡》云：“名士亦曾憐愛妾，美人畢竟負情詩。”《西湖有懷韓蘄王》云：“精魂莫上棲霞嶺，大樹無枝向北邊。”《宮怨》絕句云：“長門夢醒最銷魂，夜靜垂簾印月痕。愁對金籠白鸚鵡，至今猶説舊時恩。”吐屬一何秀雅。《十二石山齋詩話》

譚錫朋 百峰

題十二石山齋圖

闌干録曲石回環，儼列金人性不頑。羅致嶺南中宿峽，移封濟北穀城山。參差玉筍行雲雨，横亂釵行擁髻鬟。磨罷龍賓拈兔管，牧童添入畫圖間。

百峰茂才所梓《十國摭言》，堪資考證。其自序所爲詩，謂淵源於許湘南、蘇南垫二君。其門人陳崧生孝廉嘗以何披垣學博、張月槎文學及百峰三子詩文，合刻爲《今雨齋集》，旋百峰《六橋詩集》又續開雕。諸體多和緩之音，而所存半學海堂課暨惠泉亭社課之作。《嶺南瑣記》

譚百峰六橋詩集 錄二首

贈李子虎文學 長榮

錦囊佳句妙齡知，鄴架搜羅復嗜奇。荔子灣頭新載酒，桃花村裏舊譚詩。子虎著有《桃花村舍偶談》。廿年文舉堪爲友，一字都官敢號師。春樹暮雲懷白也，吟箋聊爲寫相思。子虎自製相思箋見惠。

秋日伍柳堂文學 祖修 邀游波羅寺觀劇歸飲鮮雲山館

擊楫中流望遠峰，水光樹色隔重重。兩三村外波羅寺，五百年來永樂鐘。茭荻浪排風力健，稻花香帶露華濃。觀場亦有興亡感，沽酒同澆壘塊胸。《笠亭詩拾》

釋純謙 涉川

題梁福草先生十二山齋圖

先生灑脱無纖塵，胸中邱壑常貯真。讀破萬卷行萬

里，置身衡岳誰其倫。歸來相交得石友，十二羅列依風
筠。天下好山一拳耳，高齋處處何嶙峋。有時歌嘯出松
桂，尊齋在松桂里。石亦頭點如通神。擘窠書或篆岣嶁，古
色直與相鮮新。歸真返璞終不辱，世胡貴玉徒賤珉。我
今把卷神往復，臥游如結烟霞親。何時理棹過汾水，下
拜一覯連城珍。

　　涉公主海幢法席，既退院，益留心於篇什，粥魚茶
板之外，藥爐經卷與詩箋並陳。海幢往多詩僧，自阿字
以迄澄波，主斯席者類能歔詠烟霞，自擅禪藻。涉公所
著《片雲行草》，南山司馬爲序以行。《嶺南瑣記》

涉川片雲行草 錄二首

湖天精舍訪禪友不遇

我從湖上來，君亦湖中去。獨坐對梅花，梅花滿山
路。天高鶴懶還，海闊龍自駐。惆悵兩茫然，依依隔
雲樹。

訪李紫黁茂才不遇

高人看竹幾時還，深柳堂前靜掩關。惆悵隔江烟水
闊，夕陽歸棹萬松山。《笠亭詩拾》

卷　八

劉潛蛟 雨湖

春曉過梁六山齋信宿而去

杖策訪侯芭，春光蕩曉霞。鳥啼人未起，開落紫藤花。

萬卷擁窗虛，湟溱此故居。客來殊懶散，分榻臥看書。

石氣淡欲暝，斜陽上松瘦。深院燕歸來，穿破湘簾影。

坐月孤亭裏，渾忘春漏長。東風捲階籜，一犬吠幽篁。

　　余少受詩法於雨湖師，專以漢魏盛唐爲主。錦囊嘔心，凡稿必經數易，故歲得無多。當時入粵諸名流，如秦小峴侍郎、伊墨卿太守，皆力爲推轂，乃野言山貌，頗以攬環結佩爲勞。家極貧，饒於圖史，偶過市，見香光殘本，遽脫裘易之，李咸用之典衣買集，杜荀鶴之賣屋添書，同兹風趣。《汾江隨筆》

　　姑蘇臺佳作頗多，余最愛海鹽董曉滄“歌殘白苧春方醉，採得黃絲夏已銷”及雨湖師“事去有湖歸越女，曲終無地宴吳王”等句。

　　雨湖師詩，喜操唐音。《梅村聞笛》一絕，有“江上峰青”之響，詩云“空山何處美人家，爲訪仙蹤趁月華。萬樹梅花一聲笛，梅花村裏落梅花。”其妙處尤在善疊也。

　　雨湖師詠彥章句云：“未必良禽能擇木，可憐烈女不更夫。”悲其失身，表其忠勇，二語已括王鐵槍一生。《十二石山齋詩話》三則

劉雨湖太乙亭詩草 錄八首

望夫石行

青天蒼蒼，白雲茫茫，君去不知，東西南北方。水行蛟龍，山行虎狼。風餐露宿，春雨秋霜。險阻艱難君備嘗，令妾思之碎肝腸。妾有黃口之稚兒，君有白髮之高堂。君能供菽水，妾自屬糟糠。早知貧賤不如意，何必赤足走他鄉。君不歸來妾不去，年年峽口長相望。

竹林寺

五六月無暑，兩三僧更寒。蕭蕭古時寺，而我解征鞍。天日綠雲隔，風塵白首看。願言謝羈絏，一爲補千竿。

送梁夏峰之武林同伍侶石林繡石伍鶴亭

天地正風雪，無爲茲遠游。家貧辭白髮，離恨滿孤舟。有酒不成醉，何人堪贈裘。計程四千里，珍重到杭州。

冲虛觀

昔耳朱明洞，高藏紅葉林。今尋丹竈跡，遥上白雲岑。絕壁開天地，仙山自古今。倘容聽夜樂，一宿領清音。

接東樓

臺與雲霄並，盤臺更矗樓。三山萬里控，百粵一窗收。檻外飛霞鶩，樽前落斗牛。扶桑在離即，滾滾吸東流。

臺　侯

逐鹿中原粵運開，識時豪傑將兵來。征誅西北依真主，割據東南陋霸才。一代武功垂竹帛，百蠻荒服闢蒿萊。可堪後起龍川令，竊帝稱王又築臺。

荆　軻

單車倉卒入關中，頓起蕭蕭易水風。儻以漸離更竪子，不將秦始視桓公。藥囊縱有無且在，匕首何難聶政同。決計酬丹終昧此，空教白日貫長虹。

南粵王

不隨逐鹿奪神州，策受任囂妙運籌。一代霸王秦故吏，百蠻大長漢諸侯。東南創局開黃屋，西北朝天已白頭。終古雄風未消歇，干戈五季又興劉。《笠亭詩拾》

陳殿槐 夢生

　　余邑陳夢生，工畫山水，得王石谷筆意。詩亦清秀，曾題余十二石山齋云："紫藤架外石槎枒，十二玲瓏寫米家。最愛月明仙露重，一簾竹影一籬花。"《十二石山齋詩話》

陳夢生筆畊田舍吟草 録一首

到　家

客游數載返蓬廬，稚子依稀瘦比余。驚看山妻顦顇影，鐙前猶讀寄歸書。《笠亭詩拾》

歐陽溟 鯤池

十二石齋詩爲福草先生賦

石質雖頑鈍，石性本堅貞。嗜之雖云偏，此論非公評。柱石國所重，怪石書所稱。藥石可療疾，肺石可通情。人貴鐵石心，交重金石盟。八音倘缺石，鐘簴難和鳴。五色不鍊石，天亦西北傾。所以石是癖，自古多豪英。君今米元章，拜石呼爲兄。搜羅遍巖穴，所欲尚未盈。上帝忽聞之，大笑憐其誠。一十二次舍，每舍選一星。遂命隕爲石，登之君子庭。或如虎豹怒，牙爪張林坰。或如鯨鯢噴，波浪翻滄溟。圓者佛頭滑，怪者鬼面獰。下闊而上銳，有若龍角擎。頭巉而脚削，又似夔足躄。趺坐蹲黃犬，側翅飛蒼鷹。岡巒具起伏，竅穴穿瓏玲。五岳一室聚，百態雙目呈。肖君作詩筆，突兀峰崢嶸。君詩雖突兀，君心殊坦平。平生利濟心，屈指難具名。側聞仰船岡，石險舟屢驚。篙師一失勢，萬頃飄浮萍。高掌因遠蹠，劖鑿來五丁。更跨雙虹橋，纜引千丈繩。昔苦仙飛渡，今安客揚舲。仰觀蟻磨旋，無復猱木升。我生爲飢驅，涉險舟曾經。今朝慶安瀾，風送萬里程。如行白公堤，遠近歌德馨。慨念今世人，不急務是營。巫山十二峰，疊石勞骸形。瓊樓十二重，累石高建瓴。於世究何補，徒貽淫侈聲。轉眼爲邱墟，狐鼠嗥棘荊。何如君識見，緩急因重輕。憂樂先天下，飢溺深公卿。劖石以利世，蓄石聊娛情。並行兩不悖，獨善兼善并。我雖似石頑，才劣心不靈。願掃石齋石，勒此功德銘。

　　鯤池《無題》句云：“似曾相識逢桃葉，真個銷魂是柳枝。”又：“停箸笑彈襟上酒，卸釵重養鬢邊花。”《春草》云：“上苑要君添點綴，春光無汝不纏綿。”《夢中懷祝年孝廉》云：“夜月垂楊弔柳七，春風寒菜醉巢三。"《溪居秋夜懷梁玉臣》云："文章笑等遼東豕，朋舊誰如舍北鷗。"《讀隨園詩》云："能讀牙籤三萬軸，生成詩筆一枝簫。"《留侯》云："將相幾人能辟穀，英雄唯汝貌如花。"皆不愧雅人吐屬。《石圍閒談》

歐陽鯤池一枝巢閣詩草 錄七首

過邵平種瓜處

淫慝之家無孝烈，暴虐之國少忠節。不然祖龍掃除六合臣群侯，國亡應多忠烈流。胡爲布衣守臣義，區區獨一東陵耳。君縱使不仁，臣不可不忠。東陵明此義，退隱悲世窮。我來策馬長安東，離離瓜實青門中。抽刀剖瓜瓜心赤，血痕滴作鵑花紅。既爲君侯悲，復爲君侯惜。衰周薇蕨自可食，一誤憐君受秦職。漢陰之甕於陵園，能辭軒冕身自完。否則託爲求仙往海島，安期亦有如瓜棗。避秦何不武陵逃，臣秦胡乃同趙高。種瓜竟向瓜分後，得毋笑殺桃源桃。良禽擇木臣擇君，君不見飛鴻冥冥遠入雲。義不帝秦東海蹈，男兒畢竟魯連好。恨君種瓜種不早，採芝不及商山皓。

送伍湘卿歸里

酒氣蓬蓬出毛髮，升天結作天中月。月愛團團惱離

別，如何君竟與余訣。百里之別別匪遥，酒魂月魄應齊
銷。老天夜半歘然泣，进作離人雙淚潮。是夕微雨。

春寒懷蔡春帆 錦泉

南方無雪地，而我苦嚴寒。況有北征客，其如行路
難。江山疲旅夢，風雨逼吟鞍。庾嶺梅花外，君應憶
范丹。

東皋草堂爲國初屈梁陳諸先生觴詠地
今廢久矣古樵陳君擬偕同人重建詩寄福草

山斗時瞻仰，相思夢寐勞。愛才如命切，著作等身
高。近晤古樵子，擬聯當代豪。扶輪期大雅，乘興築
東皋。

舟夜遣懷

玳瑁天涼夕照殘，依微漁火亂江干。琴書伴我原非
寂，世路依人到處難。黃葉露多秋氣重，白蘋風急水光
寒。櫓枝一夜搖歸夢，夢逐江流上釣灘。

客窗口占

春光如夢客中過，卸却輕裘換越羅。簾外桃花花下
水，銷魂風景不須多。

珠江舟夜

漠漠輕煙遠樹微，柳花如雪糝春衣。珠江一夜扁舟雨，夢在杜鵑聲裏歸。《笠亭詩拾》

楊翩羽 南村

過福草先生山齋留題

紛紛倒插碧芙蓉，真意悠然興自濃。旁晚蒼烟林外濕，寒光低壓兩三峰。

竹陰半壁護窗紗，茗戰閒烹陸羽茶。匝地軟紅堆一尺，隨風吹落紫藤花。

取次游觀樂有餘，挹來爽氣入琴書。粉牆月影斕斑候，一幅雲林畫不如。

短垣曲徑隱烟蘿，點綴幽棲付澗阿。可是日長人靜寂，臨池惹得墨雲多。

心閒何處不深山，虛掩柴門底用關。酒榼詩筒時造訪，屐痕多少破苔斑。

余游西樵，最喜白雲洞，以其境奇且無登陟之勞也。吾邑楊南村五律寫得最好，詩云："劈開雙石壁，透出一層天。瀑瀉高翻日，花飛不計年。懸崖危閣矗，迴澗斷橋連。遺像白雲子，蒼苔老鬢邊。”
《十二石山齋詩話》

譚　瑩 玉生

十二石山齋記

　　昔陶潛里第，爭傳醉臥之痕；到漑山池，共惜奇礓
之賭。王摩詰輞川林下，李贊皇平泉墅中。白太傅詠烟
翠波痕，陸魯望謝枕材琴薦。後前左右，元道州各賦所
如；甲乙丙丁，牛思黯遞分其族。襄陽一品，坡老九
華。艷説名流，共耽奇石。信是園林之寶，也同山水之
緣。清澈無瑕，嬋娟有致。葉風霜月，田居士拊以自
娛；綠竹朱闌，歐陽公席於其側。翛然坐對，端愜臥游
已。福草梁君，伯鸞家世，雛鳳才名。周子居寶似干
將，顧彦先音同琴瑟。佛山小住，衡嶽壯游。移居當灘
瀨之分流，卜築得湟漊之舊宅。法書求易，具歐、虞、
褚、薛之精能；叢話編成，合唐宋元明而考騭。吟花歠
竹，挈鷺提鷗。橋南認丁卯之莊，原北枕半千之塢。遍
求怪石，便算假山。巧似太湖，清如靈璧。或出於韶
郡，或産自英州。業各搜羅，未臻美富。則有嫩於琥
珀，美勝琳瑯，淨比菜蒸，潤侔栗熟。老人所化，孺子
其師。特標蠟石之名，尤稱蕭齋之供。數凡十二，爰題
署焉。鄺海雪之藏弄，身號美人；陳獨漉所留遺，手如

生佛。釀春園裏，吴順恪其遠移；離六堂前，王漁洋所曾記。方斯蔑矣，菖蒲晴緑，苔蘚冬青，蘭葉離離，松枝楚楚。晝長讀畫，居然疊嶂之圖；月上弦詩，和以隔林之磬。夫人生嗜好，雅俗迥殊。吾輩登臨，行藏各異。與其求田問舍，選舞徵歌，愛作熱官，便稱名士。業長居於户限，甘閉置於車中。定卜瓦全，或嫌銅臭。何如一邱一壑，半郭半郊。結習未忘，風流自賞。呼原以丈，寵乃如仙。早營海嶽之庵，蘇仲恭枉稱好事；第詠仇池之石，王晉卿何敢借觀。誰出門庭，攫無官府；定兼花木，看到兒孫。宛然隍澗之交，時具煙雲之狀。又何羨登五嶽，窺九疑，借訪荔蘿，談討芝桂，謝公山賊，陶峴水仙，天台雁蕩之游，羅浮鼎湖之住者哉。僕愧同吏隱，願托神交。辱延款之維殷，笑摩挲而未已。買山無術，任詆深公；漱石空談，益嘲孫楚。遍徵雅什，特綴儷詞。永下董生之帷，仍蠟阮孚之屐。數峰幽絶，都成一簣之山；滿屋森羅，偶讓三分之水。何必千人同座，如虎阜之講經；行將萬石名亭，後龍城而作記。

題十二石山齋

　　夜夜江山入夢中。芒鞵曾踏遍、假山同。草堂貲辦學英雄。封侯未、黄石舊相從。　　風範米南宫。伴緑天人老、墨剛濃。品詩鎮日萬緣空。華嚴劫、十二似巫峰。

右調《小重山》。

　　種荔之家，採荔必連枝斫取，待其再發嫩枝，然後來年結實愈美。玉生孝廉《荔枝詞》云："芍藥生憎喚可離，那堪名字作離支。勸郎莫斫舊枝盡，來歲嫩枝花恐遲。"《嶺南瑣記》

譚玉生滄桑小閣樓詩稿　錄二首

南　濠

　　南濠濠水通珠江，珠兒珠女流脂香。一濠東西水凝碧，萬井人家春渺茫。臨濠往日銷魂地，四百年前人尚記。銀櫳繡戶瞰銅街，綺榭雕楹裝錦肆。隱隱雙橋暮雨遲，盈盈一水朝霞媚。選舞徵歌樂未央，稚齒韶顏總列行。畫船公子樽前夢，桂楫佳人鏡裏妝。緩緩尋花遙夜泊，扶闌未展銷金幕。導客爭移茉莉燈，背人解勸玻璃杓。紅豆拋殘曲未停，素馨開遍鬢重掠。半篙新漲秣陵舟，二分明月揚州郭。端午游人張水嬉，羽蓋蜺旌去故遲。夾水嬋娟照形影，捲簾瑠珥生光輝，文禽競挂綠鸚鵡，名果亂拋紅荔枝。前朝樂事同朝露，剩粉零香渺何處。曲岸難容畫鷁移，芳堤無復嬌鶯住。南過人誰感昔游，東流水獨如前度。瑣第叢臺迹久湮，臨流相憶那沾巾。第三橋畔花成海，十二樓中玉似塵。聊爲南濠歌一闋，自憐才調愧孫賁。

松　花

天風吹下玉瓏鬆，魚子嬌黃一撮濃。磊砢尚餘金粉氣，芳菲誰認水雲蹤。猿知釀酒心先醉，鶴解收香夢亦慵。鎮日打琴聲似雨，記曾華首第三峰。《笠亭詩拾》

嚴　顯 時甫

福草以十二石山齋圖索題率賦

米老誇研山，坡公寶仇池。佳話八百年，高詠今能追。豈知亦常品，元人説部云。擬議紛摛詞。不緣兩公重，安得標瑰奇。物究以人傳，耐我深長思。渺渺汾水涯，高士此棲遲。逸情邁康樂，緪幽窮嶔巇。遠溯湘沅流，近沿滇陽湄。洞天詫奇峰，環顧爭陸離。雲根割天半，螺黛燦列眉。大或敵兕象，怪若蟠蛟螭。蕭齋得清供，蕉竹環疏籬。濡墨裁東絹，點綴紛離披。峨峨巫峰高，清影留參差。寄我小滄浪，執卷心先馳。憶昔金臺游，長公同追隨。袖中秘東海，欲索難爲期。尊兄雲裳嘗於廠肆得石，淨蠟瑩澈。余欲爲晉卿之奪而未果也。石後歸黃愛廬都轉。根觸卅載前，撫景增猶夷。只今滿琳琅，良覯欣何時。會當挐舟來，一醉傾瑤卮。持此作左券，點頭石奚疑。

羅天池 _{泩湖}

十二石山齋圖跋

王晉卿西園，倪高士清秘閣，趙集賢鷗波館，唐六如思蘆草堂，文徵仲停雲館，董思白元賞齋，王石谷來青閣，惲南田甌香館，高淡人竹窗，其池館皆以人傳，其人皆以詩書畫傳。今閱福草十二石山齋圖，居釣游之勝地，極壇坫之盛事，而福草又能詩，能畫，能書，其必傳者耶？若揚州馬氏之玲瓏山館，太原溫氏之醉碧山莊，陝右秦氏之蘊藉山房，湖州張氏之度帆閣，雖極一時讌游之樂，而其人非能詩、能畫、能書者，則其人其池館之傳否，未可知也。以石傳者，米顛有致爽軒，倪迂有獅子林，然二公非藉石傳者，福草又豈藉十二石傳者？

　　吾廣鑑藏書畫家，以葉氏風滿樓爲最，外則吳氏筠清館、吾家寒香館。近羅泩湖觀察寂惺齋亦堪競爽。《嶺南瑣記》

　　曹雲西嘗繪倪迂《十石齋圖》卷，清微淡遠，爲世所寶。泩湖觀察追師其意，繪《十二石山齋圖》見贈，筆法瀟灑，逸趣橫生，如出雲西之手。《石圖閒談》

梁日初 介眉

十二石山齋頌

翳石之質，肖形象物。天地秘藏，閒世一出。翳石之色，溫潤而栗。如越浦柑，如洞庭橘。翳石之德，靜而能默。呼丈呼兄，爲友爲客。當其未獲，沈沙委磧。牧竪樵童，輕抛易擲。阮孚蠟屐，巖搜穴剔。袖自衡湘，珍逾拱璧。石矙故宅，年餘二百。傳之吾家，一堂翰墨。花晨月夕，留連賞識。坐卧其間，悠然自得。

族叔介眉素善飲，今年近五十，氣質稍弱。因有句云："薄酒入腸偏易醉，好花着眼亦忘情。"羸人情事，頗道得出。

族叔介眉體弱善病，坐致困厄。嘗自紀貧病呈諸同人，五首聯接一片，語皆沈痛。中有"一家骨肉雙流淚，萬種情懷半斷腸"、"家貧空說多文富，面瘦何曾衆口肥"等句，俱警鍊。

丙午仲春，陰雨連旬。族叔介眉《即事》句云："餘寒遲草木，積雨短光陰。"短字最鍊。《十二石山齋詩話》三則

梁介眉夢醒齋吟稿 錄二首

永福陵

亂山何處壽星塘，遠隔棲霞寄海疆。踐祚不堪三載短，遜荒空續五庚長。生悲白雁來中土，死恨黃龍出外洋。剩有厓門親骨肉，魂歸終在白蘋鄉。

夢裏吟

醉後笙歌死後聞，場中不識果何因。爲君再譜涼州曲，始覺何戡是舊人。《笠亭詩拾》[①]

胡斯錞 和軒

題十二石山齋用香石舍人韻

領得湖山趣，新詩貯錦囊。因君十二友，令我憶三湘。曩在蘇垣，曾觀秋帆制府遺石，形甚奇詭，云得自兩湖。酒熟移吟舫，花開醉石牀。何時同過訪，讀畫繞書堂。

和軒別駕，以弱冠倅常州，爲卞雅堂太守所倚重。署齋旁構竹梧軒，與毘陵諸詞人日相唱和，如

---

① 拾，原爲“話”，當爲“拾”之誤刻。據前後文及全書體例改。

趙味辛司馬、龔聲甫侍御，皆素所往還。李石泉都轉贈以詩云："當年屢顧楊枝曲，別駕風流最少年。"可以想其跌宕之致矣。所著《眠琴館詩》，初刻時年僅二十有三。句如《夜泊燕子磯》云："秋思每從江上起，客愁偏爲雨中來。"《春行》云："兩岸人家沽酒市，數間茅屋落花蹊。"《夜泛虹橋》云："久別溪山如訪舊，每逢詩酒憶攜朋。"皆有老成矩矱。《石圃閒談》

胡和軒眠琴館詩鈔 錄三首

寄梁青厓中翰

天高雁南下，君信近如何。吳國秋江冷，燕臺夜月多。清宵宜秉燭，沈醉且高歌。宦興吾今淡，歸來製芰荷。

赴金陵

棲霞回首影層層，咫尺名山不易登。千里楚雲連鐵甕，一江秋月下金陵。霜飛楓葉家家笛，水冷蘆花處處鐙。滿目南朝好風景，朦朧烟郭翠微凝。

舟過露筋祠

露筋祠外柳成陰，一夕貞魂萬古心。門外長淮自東去，月明潮上暮烟深。《笠亭詩拾》

馬儀清 芸湖

題十二石山齋圖

長虹倒懸光燭地，偉哉富媼洩幽閟。孕奇韜精剛十
二，盡向蕭齋作躔次。知君有癖等仙尉，衡岳胸懷尚髣
髴。我欲汾江鼓蘭枻，按圖一一得真契。旦夕臥游謝塵
累，花前共學淵明醉。

曹爲霖 雨村

過十二石山齋偶成

儼從衡岳割芙蓉，縹緲巫雲峰外峰。昨夜叩門參一
拜，紫藤花下月溶溶。

六扇紗窗六曲屏，屏窗位置各瓏玲。詩心演作生公
法，說與花前石丈聽。

一重樓對一房山，修竹婀娟左右環。吟到曲闌花韻
午，落紅如雨點苔斑。

石交來往幾詩人，風月琴尊畫裏身。一客酒闌題一

石，笠亭三面坐龍賓。

雨村茂才有《荔圃聽蟬》句云："四圍綠水琴無譜，十里紅雲畫有聲。"一時傳誦。《石圃閒談》

盧小娥 紅箋

題十二石山齋圖呈福草先生

簇簇芙蓉筆底成，琴邊甲乙似難評。自從采得仇池後，不羨仙樓白玉京。

紅箋女史，十二三齡時學爲士子制舉文，頗饒意致。後乃研思韻語，明姿慧心，珠環粉盒之旁，羅列圖史。及笄未字，家旋中落，而父某珍若掌珠，有欲以千金聘者，弗屑也。《汾江隨筆》

李慧卿 晴霞

寄題十二石山齋

聞説詩人宅，嵌空怪石多。樓臺環水竹，裙屐雜烟蘿。身世盡如寄，古今誰不磨。山齋叢著述，勉矣莫蹉跎。

　　晴霞女史，生本南昌，寄居湖上。絳脣玉貌，藉甚一時，三百唐詩，琅然在口。惜所天早喪，輾轉依人。工畫梅蘭，娟楚有致。詩非恒作，語必老蒼，粉膩脂香，殆能滌盡。《石圃閒談》

卷　九

符葆森 <small>南樵</small>

十二石山齋記

　　嶺南梁子福草爲衡湘之游，獲十二石，壘以爲山。石遇梁子，石得所矣。梁子因構齋貯之，石之位置，尤得所矣。念余嘗游吳越間，見山色秀美，環峙層疊，出奇以峰巒，勝其雲嵐縹緲，布濩深壑，則石之攲仄高下，皺透萬竅，氣霏霏然自中出。吳越人治宅廣園亭，取爲假山，以與山近而取易也。吾揚地隔吳越數百里或千里，輦載所至，動費鉅萬。一山之成候逾累月。郭外名園，流盼不給。頃商之貧者，坐視園廢，而城中以室售人，幾易姓矣。置石於塗，有力者取其半，棄其半，所謂攲仄高下，皺透萬竅者？昔以爲得所位置，今何如也？所惜無文人學士主持其地，不過數十屠酤駔儈挾以自豪。
石之初心已不樂與之周旋，故不移時而零落如斯。今海
內才人，湮沒不彰者衆矣。其見賞於人又非當世卓卓者，
始入懺悔，聲譽之所係，非細故也。即一石尚以位置得
所爲樂，況於人哉。夫梁子置石於齋，得海內才人之入
其齋者與之相倡和焉，人與石若朋友焉，石與梁子若賓
主焉，爲文人學士所主持，得以常保於不敝。惜余隔五
千里，不得與於十二石間與梁子叙賓主之禮，復不得見
十二石訂把臂之交，以獻縞贈紵於梁子之齋，惟日對吾
郭外零落之石，令人有興廢之悲而不能已已也。梁子其
憫余之與石無覿面緣耶？是爲記。

　　江都符南樵茂才，幼承其祖母陳辛農孺人之訓。
孺人所著《茹蘗閑房詩》，名重一時。

　　故南樵詩出入漢魏盛唐，又能與古爲新。撰述
尤富，著有《寄鷗館詩集、詞集、文集、文外》、
《寄心盦詩話、小札》、《紅雪談因》、《符氏私譜》，
又輯有《後篋中集》、《春田紅豆詞叢》、《蟬函拾
玉》等書。至所選《國朝詩寄心集》，彙乾、嘉、
道三朝人詩二百卷，更有功文獻。《石圃閒談》

　　余素未晤南樵，因香石、南山兩翁遂通音問。
南樵寄余古詩四章，并柬兩翁，云："涼飆動江介，
日落西南天。橘柚焉不榮，我思君子顏。望望五千
里，詎云無關山。退想託去雲，雲幻絲綿綿。絲長

亘九天，飛雲愁不還。沙洲衆棲鳥，各各相聯翩。
鷗意親浩蕩，刷羽當廣川。那畏犯霜露，願爲來雁
先。""五嶺雁不度，秋風到應晚。寂寞開素馨，劉
郎幾時返。才人態磊落，一弔古池苑。念君珠江頭，
江水洗兩眼。檳榔時正熟，荔支漿更滿。釀膏光夜
燈，清醥溢暮琖。遠矚意何如，塗長傷髮短。白露
淒以零，野吟閉孤館。""昔在兵燹際，江海同掀濤。
揚帆解鬥閩，日耗全脂膏。消散秋蓬飛，二禺山高
高。文士掉輕舌，軍門安足豪。君當執勁筆，崛强
驅靈鰲。天淨雲不翳，艾刈無藜蒿。而我登荒臺，
醉彼青蒲萄。橫看大波流，一氣隨滔滔。""海雪抱
琴去，陳屈存正聲。君家六瑩堂，詩筆何縱橫。君
其善繼者，乃作鸞鳳鳴。張黃躒衆彦，心賞相震驚。
尺素語不盡，所抱無由明。夢中上羅浮，仙蝶覆我
行。白雲見君色，皎皎揚太清。安得乘天風，攜手
尋滄瀛。"讀之怳見數千里神交也。《韻橋雜誌》

符南樵寄鷗館詩集 錄五首

城上烏

城上烏，誰爾驅。爾飛爾棲生爾雛，齊飛不歸胡爲
乎。垂楊短短甃石缺，春風吹花那能熱，三尺野蒿吹不
折。爾烏飛向東，東海彎長弓。爾烏飛向南，南天草毒

不可餐。莫隨孔雀去，孔雀好毛羽，昂頭驕對錦屏語。莫傍芳園桃李枝，桃李開落能幾時。姑蘇臺荒歌舞寂，古月高寒天漢夕。爾當結巢古松柏，空山長年息爾翮。獨不見黃狐跳梁追白狐，停鞍繫馬尋青芻。我還念爾城上烏，幕危戀戀如不如。

短歌題俞咫園先生天涯行脚畫册

游子常別家，門外爲天涯。天涯萬里遠復遠，出門一步足生霾。陸行車，水行舟，兀然平地橫九州。舟車不造何所由，使我愁積如山邱，淚積如川流。勿望故鄉月，但看頭上雪。勿憂櫓牙缺，但視轉轂鐵。壯士一斗眼中血，壯心搖搖血不熱。我亦年年苦離別，天下無時行脚絕。

送萬五之海陵

子去我何往，無由計死生。鬢毛看更短，心事亂難明。賣賦囊金盡，挑燈匣劍鳴。時平少游俠，肝膽向誰傾。

清明日子香留飲

蔣州江上望揚州，歸及東風怕倚樓。今日逢春忽無賴，故人酤酒爲澆愁。強拋人事移紅燭，醉折花枝恐白頭。暗遣歡娛獨惆悵，預分清淚與潮流。

晤孟五玉生

我已長貧覓稻粱，君猶多難臥江鄉。苦教廿四橋頭月，分照離人兩鬢霜。《笠亭詩拾》

陸孫鼎 葯珊

題十二石山齋

突兀嶔崎思不群，芙蓉十二挹清芬。歸舟猶帶三湘雨，石自衡陽攜歸。入座疑生五嶺雲。澹逸心情空外領，品題甲乙靜中分。鬱林本是吾家物，僕僕何時紹舊聞。

英夷肆逆，香山最當衝突。仁和陸葯珊司馬適司是牧，夷人攘地築樓，司馬率民壯立毀之，可謂不畏強禦者。詩則溫柔敦厚，無劍戟氣。《嶺南瑣記》

李國龍 躍門

躍門喜吟詠，與黄香石、張南山及其姪子虎時相唱和。著《六友堂詩鈔》。題余十二石山齋，有"五日經營王宰畫，九華宛轉大蘇詩"二語，最爲渾雅。《石圃閒談》

躍門工畫蝶，繪有《百蝶圖》册，一時名流題詠甚多。尤精韻學，所著《五經切音》、《詩韻切要》等書，大有裨于幼學。《嶺南瑣記》

石夢冠 冠雲

題十二石山齋圖

先生癖詩兼癖石，十二玲瓏堆几席。先生品石如品詩，稱聲揣色瘦爲奇。位置分明見圖畫，突兀欲下南宮拜。商歌曾度青芙蓉，清夢常隨神女峰。有時逸興雲霞上，對石評詩愜幽賞。身是詩家地主人，尊齋爲程湟溱故居。詩如湟溱一派新。風流想見佳公子，欲往從之隔烟水。

吾廣蠔田在大海中，田界毗連，各有標識。種之之法，以碎塊煅赤，溺淬之。始如小螺緣附塊中，久則砢磊如石。潮至則房房張口，潮退則合擇其小者別畜，謂之過塘。一年倍收，土人取其殼以築屋。石冠雲詩云：“千畝沙田百頃塘，種蠔種蛤海中央。居人久住真奇福，土屋三間牡蠣牆。”《嶺南瑣記》

石冠雲詩鈔 錄二首

大廟峽

宿霧晴猶濕，朝雲黯不開。風威吹峽動，石勢壓船來。野戍圍寒竹，蠻祠上古苔。早眠還晏起，謠云："清溪濛裏，早眠晏起。" 辛苦驛中回。

宅久不得售友人慰及詩以答之

城隅突兀俯堂坳，風雨飄搖類鵲巢。十載浮沉鄉土信，半生來往布衣交。敢將州宅誇居易，差免移家累孟郊。慚愧故人相慰藉，尚驚四壁有懸匏。《笠亭詩拾》

蕭思諫 欖軒

題十二石山齋圖用東坡壺中九華韻

雲根矗立似巫峰，月月花開塢不空。曾共樓森紅雨外，恰宜欄映綠陰中。鎔金漫詡人堪竝，吹律應知氣暗通。我正家山懷六對，吾蜀有六對山。披圖驚見碧玲瓏。

西蜀蕭欖軒游幕吾粵，一時當路爭羅致之。書法秀麗，得趙、董兩文敏之神。《石圃閒談》

丁　熙 桂裳

題十二石山齋

九疑游罷，愛峽山疊翠，飛來圖畫。十二芙蓉齊削出，貯嚮硯池筆架。瘦割雲根，寒濺雪乳，幽絶閒亭榭。藤陰覓句，好呼石丈同話。　　猶記舵轉衡湘，巫峰縹緲，倒影蓬窗亞。六六煙螺時入夢，忽覿齋前幻化。玉局攜回，銀槎抛落，四壁星芒射。臞仙去久，待君重主吟社。右調寄《壺中天》。

何時秋 泛槎

寄題福草十二石山齋

異石名九華，坡公誌所愛。言念仇池石，孤絶悄無對。羡君衡嶽歸，路入湞陽界。奇搜十二石，環列山齋内。盛以白玉盆，藉以文錦貝。嵌空疊層巒，天工人巧代。削出黄芙蓉，日映金破碎。乳竇互交通，玲瓏透腹背。温潤自含貞，皺瘦若有態。不事奇章銘，不作米顛拜。儼若巫山峰，而無神女怪。一一甲乙之，鑒賞惟君最。因知豁達人，即小以見大。蓬萊割左股，雄跨五嶺外。太華峙三峰，黄河作襟帶。庶幾足卧游，何必資圖畫。我生頗好石，一拳等珠琲。聞君説佳品，使我心愈快。欲刺山陰船，過訪剡溪戴。寄語黄石公，他時爲紹介。

　　香山何氏，自樾巢先生後，代有聞人。南塘、藥圃、方水諸君，詩皆不失先民矩矱。近亨齋、泛槎，其尤著也。泛槎句如"臨風鬢禿傷秋易，入夜衾寒得夢遲"、"好事莫如家裏樂，浮名爭似掌中杯"、"百年歲月惟期健，一意烟霞敢説高"，皆和平温雅，洗盡粗厲之音。《嶺南瑣記》

何泛槎松菊山房詩刪 録二首

海幢寺

何處燈傳日月光，珠江南岸一庵堂。學禪僧自參三寶，論古人猶説兩王。碧草緑苔前輦路，畫檐丹壁舊宮牆。只今惟有疏鐘在，百八聲寒子夜霜。

共 冢

春風醉倚東門路，悄向荒岡弔此邱。十郡羈魂山鬼哭，三城遺骨野僧收。時清天尚留殘劫，亂定人猶感舊愁。惆悵落花寒食節，荒村杯酒倩誰酬。《笠亭詩拾》

邵　堅 心根

十二石山齋詩

竹風蕉雨夏生寒，買得山歸鎮日看。一曲闌干一拳石，遍憑一十二闌干。

虛堂四面畫嶙峋，寫出幽棲迥絕塵。我到紫藤花外館，也應添個枕琴人。

底用登臨理策游，陂塘磴道體全收。《十二石山齋詩話》云：道光甲辰，返自衡湘，道經清遠，購得蠟石十二，色皆純黃，巨者高二尺許，小者亦廣徑尺。有峰巒體，有陂塘體，有溪澗瀑布體，有峻坂峭壁體，有巖竇磴道體，俱極奇趣。莫隨風雨高飛去，分貯神仙白玉樓。

玲瓏皺瘦重摩挲，曾讀先生九曜歌。雨潤苔花分活翠，山齋今較藥洲多。《紫藤館詩鈔·九曜石歌》云：“五羊石青九曜碧，嵯峨對峙南交宅。我來藥洲春始半，苔花雨潤活翠積。”

“競渡端陽一例沿，蓼蓼浪裏鼓聲喧。夾江士女紛如蟻，試問何人痛屈原。”此南海邵心根茂才觀競渡作也。人人意中之言，却無人說出。又有《大科峰觀雨》五律云：“雲氣淡空碧，山光失衆青。不知下方雨，俯視但冥冥。睍日峰頭掛，狂雷澗底聽。陰厓與陽谷，想像會群靈。"寫高山陰晴不定之景最幻。其他佳句，五言如《晚步》云："屨聲拖月緩，衣影逼溪寒。"《翠巖》云："梯巖神更王，聞瀑意先涼。"《山行》云："水侵石氣冷，雲壓松陰低。"七言如《暮春》云："積陰忽喜月初上，小飲時嗔花未開。"《游羅浮》云："啞虎夜蹲崖畔石，怒龍晴吼壁閒泉。"《送何倬山侍任休寧》云："聞衙習靜同幽塈，異地承歡即故鄉。"《漫興》云："酒因嗜飲藏難久，詩已成逋索亦寬。"《十二石齋詩話》

陳維楨 玉樵

過福草山齋留題

紫藤花館最清虛，擊鉢吟成客散餘。偏是詩人饒韻事，課姬臨畫課兒書。

梁今榮 聖褒

題十二石山齋圖

宛似巫山十二峰，峰峰剔透各玲瓏。他時珥筆來相訪，補入青藤畫卷中。徐文長有《畫石》一册甚奇。

附：摘句圖卷一

順德梁九圖福草選

岑　澂 字清泰，一字鐵君，南海人。著有《鐵泉詩鈔》。

> 人烟生兩岸，水氣抱孤城。
>
> 水痕膠遠樹，沙氣陷空村。
>
> 村空填敗瓦，門靜閉饞棺。
>
> 浮槎迴夜水，清磬落寒山。
>
> 秋聲連蟋蟀，寒色在芭蕉。
>
> 路暗微通樹，山寒早落花。
>
> 久客叢鄉夢，長閑穩道心。
>
> 人烟荆浦樹，春色鄂州山。
>
> 鶯花隨日換，風雨送人多。
>
> 客居依淺瀨，鄉夢赴寒花。

水聲穿樹出，星影貼樓飛。

路危爭水石，身苦耐饑寒。

旅館雲邊宿，鄉帆地底來。

灘聲寒入地，山氣白吞天。

山深迴日月，林遠聚風濤。

山石連雲卷，河冰入漢飛。

水聲過萬弩，人力盡千篙。

樹飛蛟室雨，潮卷虎門雷。

鯨波吞岸竹，龍氣濕窗花。

地靜有雲氣，風來聞笑聲。

安居故園好，作客古人難。

不出人疑死，長貧婦亦嗟。

地冷啼山鬼，人饑化水仙。

老覺辭家易，貧真欲死難。

燈寒翻壁動，月濕過江遲。

檣飛半江水，樓響四山風。

亂山收日早，陰雨見星稀。

山開平吐野，天闊靜生雲。

忍饑常入夜，多病竟無春。

半嶺石田留火氣，五更雲碓響春聲。

弓聲林屋人熊過，盤食山厨馬鹿供。

陰壑虎風吹地動，晴霄虹氣逼樓寒。

燈下虎倀啼急雨，車前蠱蠱散寒烟。

鐵綆穿雲樵路峻，石碓敲雪佔帆通。

花帶水流穿壑去，石隨人語破空來。

永夜溪山晴亦響，南風屏障濕皆流。

急雨四天趨峽角，斷虹千里劃沙腰。

千山瘴影搖燈黑，一縣江流劈箭黃。

林密花香時墜瓦，山深泉響總當門。

杖履自拖雲氣入，窗楹都插石痕開。

蠱甕收魂防獞女，毒矛行獵避狼兵。

雷聲擘樹知熊過，嵐氣成花有麝眠。

鷓鴣枕上千山遠，鴻雁燈前萬木凋。

風掣亂沙浮警枕，浪淘孤月出長河。

菹甕曉風茅店粥，土牀斜日箐林燈。

笛聲一夢梅花國，鞭影三年桂樹鄉。

楊柳村遥春雨細，薜蘿門掩夜燈深。

近海澀燈吟橘柚，倚天寒艇夢蒹葭。

家懸羊石迷飛嶂，路繞狼厓逼亂灘。

梅花別夢裁書寄，箐火羈愁付酒消。

耕石有聲黃犢健，穿花成陣翠蛇飛。

澤國濤聲掀枕起，中原風色擁關來。

地靜鼠聲喧白晝，天寒鴉影落黃昏。

貧士退歸仍白業，幽人居處愛青山。

春風尚卷桃花幔，夜月空過皂莢橋。

連朝風雨花爭落，一病江湖草又生。

雲中星宿蟠胸下，海外山河拓眼寬。

羊石烟開斜照闊，虎門天入亂山蒼。

詩獄幾驚蘇軾死，麻鞋空見杜陵歸。

官從歌舞歡時誤，詩向江湖放後深。

枕虎高眠危檻外，騎驢斜入亂山中。

風急高梧沈暑氣，露寒疏柳變秋聲。

銅柱山川梅夾路，珠簾樓閣荔連鄉。

落木無邊鴻有信，古人長往月還來。

執手每多談古客，埋頭中有信天翁。

近水村連三里遠，閒身天縱六年游。

兩岸冷烟圍板屋，一船紅雨載詩人。

新年結伴如斯少，老境逢春漸有涯。

只應夢得爲詩友，誰識高陽是酒人。

南國山川餘秀氣，中流天地落孤雲。

送客最憎楊柳樹，思鄉難遣荔支天。

塵世定多牛馬走，古人豈少鳳凰饑。

樽前放論高還易，身後知音索亦難。

羈愁江路孤帆月，秋夢雲山舊草堂。

天窄雲如吞峽去，水斜船欲上山來。

樹籠官汛仍開市，林缺人烟半在山。

搲金畫鷁連秋水，銜肉神鴉散夕陽。

病久半生資藥物，品孤長歲住梅花。

神仙艷福真慚我，今古閑情儻屬君。

紅粉年華淹杜牧，銀鈿詞曲感飛卿。

旅邸論功無衛霍，市樓登座半荆高。

雨歇深叢蛇占路，星低殘夜虎窺村。

鶯花入夢朋儕老，湖海論交患難真。

天與張堪能不死，人言劉向是更生。

我輩本無標榜見，古人原重琢磨資。

時清貧賤緣才短，身老風塵見事多。

披裘入海期難料，彈鋏依人計可憐。

江空米舶來偏少，月黑墩臺戰未收。

饑來臣朔常憂死，身後方干敢噪名。

人靜樹聲喧到水，山深苔氣冷如秋。

石上梅花皆化鐵，洞中蝴蝶半如輪。

貧耐知交唯我在，老無奢望與君同。

天迴列宿朝中座，山擘重門控上游。

燈淡天圍千嶂雪，酒醒人立一河冰。

烟暝半江風刮箭，沙明一夜水搖燈。

近岸山多常畏虎，絕流天凍不逢人。

身遠只期長與健，路危無暇更思家。

助釼一峒趨銅鼓，淬矢千家佩鐵弓。

作鬼亦爲流寓客，成仙奚仗護身符。

十日釀寒耕野少，一春游夢在山多。

題壁有詩應獻佛，住山非懶不爲僧。

泥壁雨昏留夜火，竹床衾冷入霜風。

方朔敢辭饑欲死，奚生無奈傲干人。

四壁筑彈雙硯水，一樓風卷半帷燈。

名有交推原易盛，貧能自立古猶難。

篇章敢擬崔黃鶴，賞識深慚杜紫薇。

167

前路風霜雙鬢短，百年天地夜燈寒。

十年作客衣仍素，千里攜家鬢已蒼。

薄暮麻姑催進飯，平明王母教吹笙。

八桂灘從天半落，九真船自日邊來。

江間風雨蛟龍會，檻外晨昏日月浮。

泉聲百道通滄海，烏影三更上石樓。

杖底半規暘谷日，帽檐千里海門風。

山高雲氣穿城出，風急濤聲入市流。

饘粥生涯貧有味，幽燕奇氣老猶豪。

鐵馬尚留琴女曲，黃雞徒弔酒人魂。

星霜路記三年別，憂患書從九死成。

百年宇內蒼涼話，一夕人間去住愁。

疾病誤傳坡老死，盤餐誰念杜陵饑。

愁思痛飲真無賴，老說酬恩悔已遲。

花氣暖開三月雪，瀑聲涼散數峰雲。

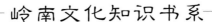
岭南文库编辑委员会
广东中华民族文化促进会 合编

岭 南 海 神

许桂灵 编著

SPM
南方传媒 ｜ 广东人民出版社

·广州·

图书在版编目（CIP）数据

岭南海神／许桂灵编著. — 广州：广东人民出版社，2023.12
（岭南文化知识书系）
ISBN 978-7-218-17294-1

Ⅰ.①岭…　Ⅱ.①许…　Ⅲ.①神—信仰—研究—广东　Ⅳ.①B933

中国国家版本馆 CIP 数据核字（2023）第 252314 号

Lingnan Haishen

岭南海神

许桂灵　编著

版权所有　翻印必究

出 版 人：肖风华

策划编辑：夏素玲

责任编辑：谢　尚　饶栩元

责任校对：帅梦娣

装帧设计：邦　邦

责任技编：吴彦斌

出版发行：广东人民出版社

地　　址：广州市越秀区大沙头四马路 10 号（邮政编码：510199）

电　　话：（020）85716809（总编室）

传　　真：（020）83289585

网　　址：http://www.gdpph.com

印　　刷：佛山市迎高彩印有限公司

开　　本：889mm×1194mm　1/32

印　　张：3.375　　字　　数：67.4 千

版　　次：2023 年 12 月第 1 版

印　　次：2023 年 12 月第 1 次印刷

定　　价：35.00 元

如发现印装质量问题，影响阅读，请与出版社（020-85716849）联系调换。

售书热线：（020）87716172